MERIAN *momente*

STRASSBURG

BÄRBEL NÜCKLES

W0193497

STRASSBURG ENTDECKEN   4

STRASSBURG ERLEBEN   20

STRASSBURG ERKUNDEN 50

DAS UMLAND ERKUNDEN 128

STRASSBURG ERFASSEN 134

KARTEN UND PLÄNE

Fachwerkhäuser und blühender Fassadenschmuck im Viertel La Petite France (▶ S. 68)

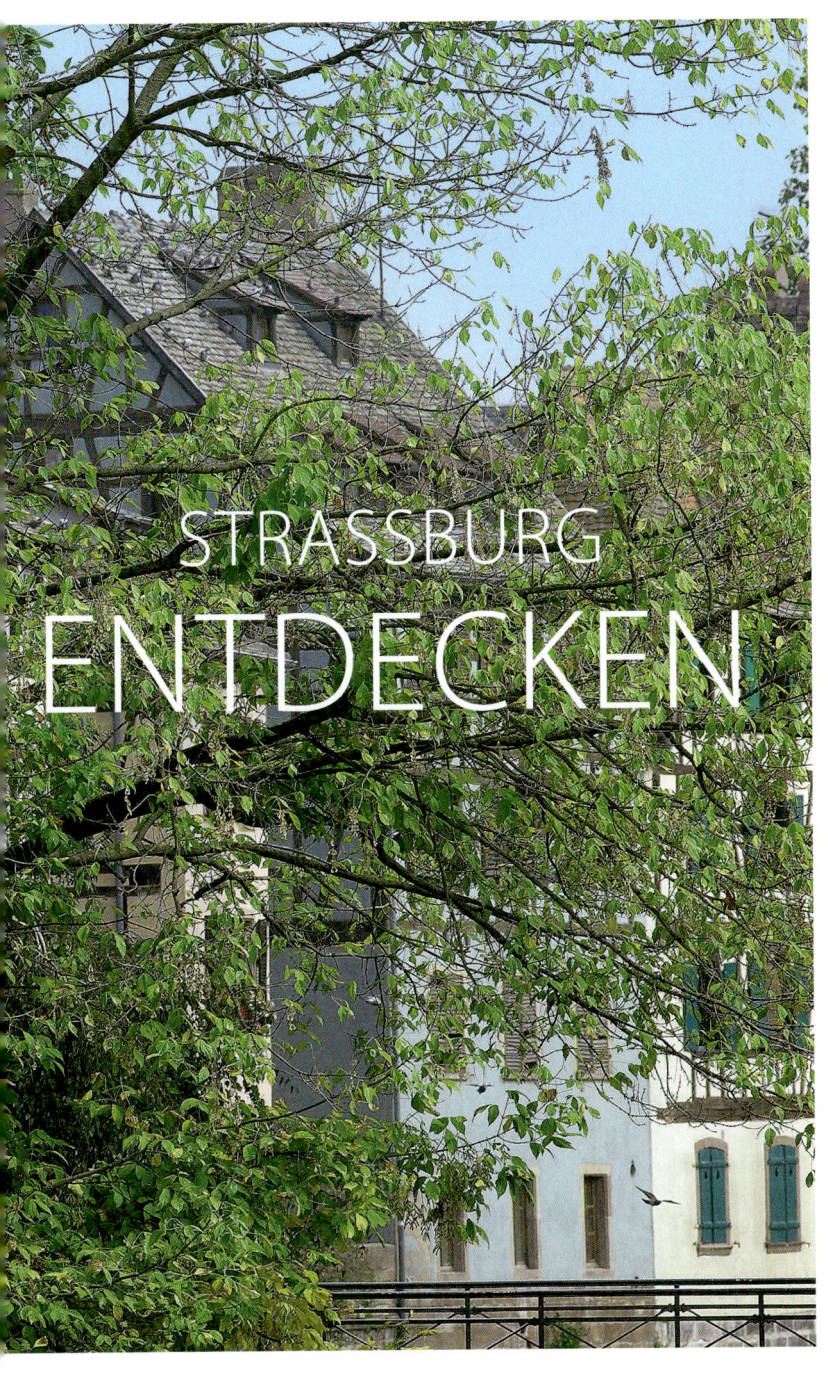

STRASSBURG
ENTDECKEN

MEIN STRASSBURG

Straßburg verbindet deutsche und französische Geschichte. Seit Ende des Zweiten Weltkriegs wirkt es mit zahlreichen europäischen Institutionen als Hüter der Demokratie. Die Menschen hier halten gleichermaßen Lebensart und Gastfreundschaft hoch.

Da stand diese zierliche, aufrechte Person in ihrem leuchtend gelben Kleid, das »seht mich, jetzt bin ich endlich hier« zu sagen schien. 23 Jahre nachdem ihr der Sacharow-Preis des Europäischen Parlaments zuerkannt worden war, nahm die birmanische Oppositionspolitikerin Aung San Suu Kyi in Straßburg die Auszeichnung unter dem Applaus der versammelten Abgeordneten entgegen. Aun San sagte: »Unsere Ziele sind sehr einfach: Wir wollen frei sein und ohne Furcht und ohne Mangel leben können.« Ihre Worte waren schlicht an diesem Herbsttag 2013. Mehr als zwei Jahrzehnte zuvor hatte sie noch unter Hausarrest gestanden, weil sie ihre Stimme gegen ein autoritäres Regime erhoben hatte. Der Preis aus Straßburg gab all jenen Recht, die sich für die Freiheit einsetzen. Ihre Wahrheit

◄ Von den im 19. Jh. renovierten Ill-Brücken
bietet sich der Blick auf das Münster (► S. 56).

besaß eine Wucht, wie sie so vielleicht nur in Straßburg möglich ist. Straßburg, das als europäische Hauptstadt vielleicht unterschätzt ist, und als Sitz des Parlaments immer wieder infrage gestellt wird. Als Ort, an dem Menschenrechte und Demokratie verteidigt werden (Europarat), an dem einzelne Bürger Europas ihre Rechte einklagen können (europäischer Gerichtshof für Menschenrechte), steht es unangefochten da.

EINE STADT ZWISCHEN DEN FRONTEN

Straßburg ist weltpolitisch kein Machtzentrum, aber manchen gilt Straßburg als Europas Hauptstadt der Herzen. Weil hier nach dem Zweiten Weltkrieg Versöhnung stattgefunden hat, als sie niemand mehr für möglich hielt. Keine andere Stadt Europas verkörpert in ähnlicher Weise, wie politische Konflikte und Kriege Menschen und Familien zerreißen können. Straßburg und das Elsass waren seit Jahrhunderten ein zwischen Deutschen und Franzosen umkämpftes Territorium. Mit dem deutsch-französischen Krieg 1870/1871 spitzte sich der Konflikt zu. Die Straßburger waren damals seit 1681 Franzosen gewesen. Jetzt sollten sie wieder Deutsche sein und Deutsch sprechen. Es kam der Erste Weltkrieg, an dessen Ende die Elsässer erneut ihre Identität eintauschen sollten. Auf dem Platz der Republik erinnert eine Mutter an diese Zeit, Straßburg als Skulptur, die gefallenen Söhne zu ihren Füßen. Der eine starb für Frankreich, der andere für Deutschland. Dann kamen nicht einmal eine Generation später die Nationalsozialisten und germanisierten das Grenzland gegen seinen Willen. »Malgré-nous«, so heißen bis heute die elsässischen Männer, die als deutsche Soldaten in den Krieg ziehen sollten. Wer sich weigerte, dem drohte das Arbeitslager oder Schlimmeres.
Nach dem Kriegsende hisste ein französischer Soldat die Trikolore auf dem Straßburger Münster. Das Zeichen des Sieges über ein Unrechtsregime. Auf den Trümmern des Zweiten Weltkriegs entstand das moderne Europa und Straßburg spielt in dessen Geschichte eine Hauptrolle.

BREITE VIELFALT EINER GRENZSTADT

Auf diese Geschichte, wenn sie auch schmerzhaft war, ist man in Straßburg stolz und hat darauf eine kulturelle Vielfalt und Offenheit gebaut, die am Rande des zentralistischen Frankreichs nicht selbstverständlich ist. Offenheit will heißen: In Straßburg schaut die Kulturszene über die

Grenzen. Künstler, die heute in Straßburg auf der Bühne stehen, waren gestern in Freiburg zu Gast und tanzen morgen in Basel. Am Théâtre National de Strasbourg, dem einzigen Staatstheater in Frankreichs Provinz, wird das Verständnis mitunter durch deutsche Untertitel erleichtert. Gastspiele aus Polen, Großbritannien, Deutschland bringen die Worte auf der Bühne zum Klingen. Bei den Festivals sind die Besten zu hören.

In der Altstadt stehen die alten Häuser mit Fachwerk, Erkern aus Stein, mit Torbogen aus der Renaissance, dicht gedrängt. Und einen Kilometer weiter strömen die Straßburger Muslime zum Mittagsgebet. Mit Selbstverständlichkeit. Auch das ist Straßburg.

Hier sprechen die Menschen viele Sprachen. Niemand dreht sich um, wenn eine Mutter mit ihrem Kind in der Tram Englisch oder Deutsch spricht. Hippe junge Frauen mit gefärbten Haaren stehen neben jenen, die über lange Hosen enge Röcke und kunstvoll drapierte Turbane um den schlanken Kopf drapiert haben. Auch das ist Straßburg.

Straßburg ist reich, auch wenn längst nicht alle daran teilhaben. Das Durchschnittseinkommen gehört zu den höchsten des Landes. Man sieht Eltern, die ihre Kinder in teuren Autos von der Schule abholen und jüdische Männer mit hohen Hüten und Schläfenlocken im Viertel um die Synagoge. In Straßburger Schulen wird Religion unterrichtet. Anderswo in Frankreich wäre das undenkbar. Das ist Straßburg.

Die Grenzen sind verschwunden. Lange Staus auf den Brücken im Norden und Süden des Ballungsgebiets kommen heute nur noch vor, wenn sich die deutsche oder französische Polizei ausnahmsweise zu einer Kontrolle entschließt. Ansonsten bewegen sich die Pendler- und Besucherströme ungehindert. Grenzüberschreitend denken und zusammenarbeiten, auch das ist Straßburg.

Wer in Straßburg zu Besuch ist, darf sich die Zeit nehmen, diese Vielfalt in vollen Zügen zu genießen.

WEITER BLICK VOM STRASSBURGER MÜNSTER

Hören Sie Musik. Ganz gleich, ob Sie in das Konzert einer nur Insidern bekannten britischen Band in der Laiterie gehen. Oder zu Hansi Hinterseer in den Zénith. In die Rheinoper, wo gerade eine Neuinszenierung gefeiert wird, oder ins Palais de la Musique et des Congrès, wo sie einem international bekannten Pianisten lauschen, den das Philharmonische Orchester Straßburg begleitet.

Steigen Sie auf die Plattform des Straßburger Münsters. Sie wären wahrscheinlich auch ganz alleine auf die Idee gekommen. Aber tun Sie es, auch wenn Sie nicht schwindelfrei sind oder dies zu glauben meinen (ich spreche aus Erfahrung). Hat man die 323 Stufen genommen, liegt Ihnen Straßburg in seiner Pracht zu Füßen, Vogesen und Schwarzwald rahmen das Panorama ein. Den Feinheiten der Figuren und den wie Spitze so zarten Ornamenten aus rotem Sandstein sind Sie so nah wie nie.

Goethe stieg im Jahr 1770 in die Höhe und blickte auf die Stadt hinunter. Er beschrieb »die ansehnliche Stadt, die weitumherliegenden, mit herrlichen dichten Bäumen besetzten und durchflochtenen Auen, diesen auffallenden Reichtum der Vegetation.« Man braucht natürlich Goethe nicht, um Straßburg schön zu finden.

DIE ZUKUNFT DER EUROPASTADT

Straßburg spricht für sich und weiß sich zu inszenieren. Als die Stadt im November 1944 von französischen Truppen befreit wurde, hielten das die Fotografen bildmächtig mit jungen Frauen in Tracht fest. Dabei weiß jeder, dass selbst im 19. Jh. eine Elsässerin nicht täglich mit der als typisch elsässisch empfundenen Kappe mit Schleife unterwegs war.

Heute dient die Selbstdarstellung einem anderen Zweck. Es geht um die Zukunft als Europastadt. Denn immer wieder versuchen Abgeordnete des Parlaments am Ast Straßburg zu sägen, weil sie einen monolithischen Parlamentssitz bevorzugen. An Europa hängen europäische und französische Verwaltungen und damit Arbeitsplätze. Die 44 000 Studierende starke Universität ringt um ihr Budget, die Industrie in Zeiten der Krise um Arbeitsplätze. Wer die Stadt heute von oben sieht, wird weniger unberührte Natur als Autobahnen und Industriegelände entdecken. Nur das Straßburger Münster, im Schnee, im Nebel, nachts beleuchtet, es scheint der Zeit zu widerstehen.

Was ich an Straßburg schätze? Dass es bodenständig und provinziell und doch weltläufig und multikulturell ist, überschaubar und gleichsam immer wieder überraschend.

DIE AUTOREN

Das ursprüngliche Manuskript stammt von Rüdiger Tschacher. **Bärbel Nückles** schreibt seit 2004 als Korrespondentin für die »Badische Zeitung« und andere deutschsprachige Medien über Straßburg und Umgebung. In ihren Berichten und Reportagen setzt sie sich mit Gesellschaft, Politik, Wirtschaft und Kultur der Grenzregion auseinander. Sie lebt mit ihrer Familie in der Nähe von Straßburg.

![8]

★

MERIAN TopTen

Diese Höhepunkte sollten Sie sich bei Ihrem Besuch auf keinen Fall entgehen lassen: Ob Europäisches Viertel, La Petite France oder die Kirche Saint-Pierre-le-Jeune – MERIAN präsentiert Ihnen hier die wichtigsten Sehenswürdigkeiten Straßburgs.

⭐ Musée Historique

Das historische Museum wurde in den letzten Jahren erweitert und vermittelt Stadtgeschichte vom Mittelalter bis ins 20. Jh. (▶ S. 17).

⭐ La Cathédrale Notre-Dame (Münster)

Ein Besuch des Straßburger Münsters und seiner Aussichtsplattform ist unbestritten der Höhepunkt eines Aufenthalts in der Stadt (▶ S. 56).

⭐ La Petite France

Das Schönste, was Straßburgs Altstadt zu bieten hat: »Klein-Frankreich« zeigt sich mit verwinkelten Gassen, schiefen Fachwerkhäusern und den Gedeckten Brücken (▶ S. 68).

⭐ Barrage Vauban

Im 17. Jh. riegelte die Wehranlage im Ernstfall die Stadt in Richtung Süden ab. Heute bietet sich von der Aussichtsplattform der schönste Blick auf das Petite France und die Gedeckten Brücken (▶ S. 74).

⭐ Place de la République

Ende des 19. Jh. diente der Platz der Republik kaiserlicher Machtdemonstration. Heute steht er für das architektonische Gedächtnis der deutschen Epoche (▶ S. 86).

Saint-Pierre-le-Jeune Protestant

Mit ihrem Kreuzgang architektonisch und kunstgeschichtlich eine der sehenswertesten Kirchen der Stadt (▶ S. 87).

 Europäisches Viertel

Europaparlament, Europarat und Europäischer Gerichtshof für Menschenrechte – die Hüter von Demokratie und Gerechtigkeit in Europa (▶ S. 94).

 Parc de l'Orangerie

Elegant und weitläufig. Ein Besuch in diesem Park schenkt auch dem Straßburg-Besucher eine Auszeit (▶ S. 101).

 Médiathèque André Malraux

Auf der Halbinsel Malraux sind an einem ehemaligen Hafenbecken neue Wohn- und Bürogebäude entstanden. Das Straßburg des 21. Jh (▶ S. 106).

Musée Tomi Ungerer

Das erste Museum überhaupt, das einem Zeichenkünstler gewidmet ist. Und ein Ort, der den Humor des Elsässers zeigt (▶ S. 113).

MERIAN Momente
Das kleine Glück auf Reisen

Oft sind es die kleinen Momente auf einer Reise, die am stärksten in Erinnerung bleiben – Momente, in denen Sie die leisen, feinen Seiten der Stadt kennenlernen. Hier geben wir Ihnen Tipps für kleine Auszeiten und neue Einblicke.

Mittelalterlicher Garten
D 4

Wie mag es wohl den Rosensträuchern gehen? Die neun Beete werden von Sandsteinkanten und Buchs eingerahmt. Die Zier- und Heilpflanzen, die in dem mittelalterlich angelegten Garten neben dem Musée de l'Œuvre Notre-Dame wachsen, waren schon vor Hunderten von Jahren bekannt. Fenchel und Salbei schätzte man um der ätherischen Öle willen. Die provenzalische Rose roch betörend süß. Die Linde spendete Schatten. Daneben befinden sich Grabplatten aus Sandstein, darunter jene für den Grafen Ludwig V. von Lichtenberg.

Hans Haug, der in der ersten Hälfte des 20. Jh. über mehrere Jahrzehnte die Straßburger Museen prägte, ließ den Garten im Jahr 1936 im gotischen Stil anlegen. Heute scheint er versteckt, kaum wahrgenommen liegt er zwischen Kupferstichkabinett und Liebfrauenwerk. Ein Kleinod. Eine unerwartete Oase.

Münster | 3, pl. du Château | Tram: Grand'Rue | www.musees.strasbourg.org

2 Straßburg, Stadt der Lichter

Straßburg versteht es, seine Schätze effektvoll mit Licht zu inszenieren. In den Sommermonaten erhellen Strahler das gotische Münster und Teile der Altstadt mit einem farbigen Spektakel. Zum Advent werden Boulevards und Gassen mit glitzernden Girlanden, Lichtern und Schmuck herausgeputzt. Ein Augenschmaus beim Gang durch das abendliche Straßburg.

Münster und Presqu'île Malraux | Informationen auf www.strasbourg.eu und www.otstrasbourg.fr | im Dezember werden Sonderführungen bei Dunkelheit angeboten

3 Das Gedächtnis der Straßennamen

In Straßburg erzählen viele Straßennamen etwas über die Geschichte des Orts, zu dem sie gehören. Bis 1728 kannte man das gar nicht, Straßennamen und Schilder, die dem Passanten den Weg weisen. Die Menschen fanden sich auf andere Weise zurecht. Sie orientierten sich zum Beispiel anhand der Gasthäuser oder sie machten den Weg an den Handwerkszünften fest, die in der jeweiligen Gasse ansässig waren. Es gab die Fassmacher (tonneliers), Fischer (pêcheurs), Goldschmiede (orfèvres) oder den Fisch-, den Schweine- und den Kornmarkt (marché aux poissons). Später dienten auch Wappensymbole oder Familiennamen der Orientierung. Diese Ursprünge lassen sich bis heute an den blauen Schildern in Straßen und Gassen ablesen. In der Straßburger Altstadt sind sie zudem doppelt ausgewiesen. Ein zweites Straßenschild nennt jeweils den Namen im regionalen Dialekt. Wer durch die Stadt spaziert und einfach nur auf die Straßennamen achtet, erfährt auf diese Weise einiges über die Straßburger Geschichte.

4 Inmitten der Vorfreude an der Oper   D3

Man muss nicht in Besitz eines Operntickets sein, um die Vorfreude auf den Abend zu genießen. Man muss sich nicht grämen, wenn die Vorstellung ausverkauft ist. Bevor es losgeht und während der Pause kann man an der Stimmung in sommerlicher Abendluft auf der Treppe vor der Oper dennoch teilhaben. Die Straßburger sitzen fein angezogen zwischen den Säulen vor der Oper an einem der Tischchen und

nippen an einem Glas Crémant. Man darf es ihnen gleichtun und lauschen, wie die Inszenierung wohl gewesen ist.

Broglie | 19, pl. Broglie | Tram: Broglie | Tel. 03 88 22 98 51 | www.cafedelopera.fr

5 Botanischer Garten F3–4

Bevor Hagel und Unwetter die größten der einst vier Gewächshäuser 1958 und 1963 zerstört haben, konnte es der Botanische Garten am Rande der Straßburger Universität wohl mit anderen großen Anlagen seiner Art aufnehmen. Damals zeigte man lebende Pflanzen unter Glasgewölben statt sie in einem Museum auszustellen. Ab dem Jahr 1880 entstand in Straßburg die kaiserliche Universität. Ein botanischer Garten sollte auch dazugehören. Was der Zeit getrotzt hat, ist ein intimer Ort, still und gelassen, mit altem Baumbestand, einem Teich und ein paar Bänken. Im noch bestehenden Viktoriahaus wachsen Bananenstauden, Kaffeepflanzen und Baumwolle. Sie lieben die Wärme. Wir übrigens auch. So wie das dichte grüne Blattwerk in diesem versteckten Straßburger Dschungel.

Neustadt | 28, rue Goethe | Tram: Observatoire | www.jardin-botanique.

unistra.fr | März–Sept. tgl. 14–18, Mai–Aug. 14–19, Dez. 14–16 Uhr

6 Rund um das Schloss der Prinzessin östl. H 1

Das Château de Pourtalès aus dem 19. Jh., in dem Prinzessin Mélanie de Pourtalès gelebt hat, ist ein wenig pompös. Der Landschaftspark, der es umgibt, steckt voller Überraschungen. Die alten Weiden haben Ohren, in den Wipfeln sitzen seltsame Wesen, ein bronzener Hase (Barry Flanagan The Bowler) hüpft neckisch am Wegrand. Was hat er an diesem verwunschenen Ort verloren? Der Parc de Pourtalès ist nicht nur eine weitläufige, ein wenige verwilderte Landschaft am Rande der Stadt. Er ist auch ein Skulpturenpark. Die Kunst hängt er allerdings nicht an die große Glocke. Die muss der Spaziergänger ganz allein für sich auf einem Spaziergang entdecken.

Robertsau | 161, rue Mélanie | Bus: Lamproie | Informationen zum Skulpturenpark finden Sie auf www.ceaac.org | angenehmes Restaurant mit Biergarten am Eingang

7 Musette-Walzer in der Sommernacht östl. H 6

Der Ort schlechthin für alle, die in den Paartanz verliebt sind. Wenn Sie an einem Sommerabend die Straßburger Innenstadt verlassen und Richtung Rhein fahren, erwartet sie hinter der neu gebauten Wohnanlage am französischen Uferpark ein weißes Partyzelt. Treten Sie ein. Willkommen sind begeisterte Tänzer und Neugierige, die es lernen wollen. Denn in der Guinguette du Rhin werden regelmäßig Kurse angeboten. Salsa, Rumba, französische

Walzer, Modern Dance oder tänzerisches Neuland? Live-Musik klingt verheißungsvoll in die laue Sommernacht hinaus. Freitags stehen Themenabende auf dem Programm. Von den Zufahrtsstraßen Richtung Rhein und Deutschland ist die Abfahrt von der Avenue du Pont de l'Europe aus beschildert. Von Deutschland kommend, parkt man am besten hinter dem Rheindamm und geht über die Fußgänger- und Radfahrerbrücke zum Uferpark.

Mitte Juni bis Ende September | Reservierung Tel. 03 36 82 59 21 73 | Der Weg zum Guinguette-Zelt ist ausgeschildert | www.laguinguettedurhin.fr

 8 Im Liegestuhl auf der Halbinsel Malraux E 6

Sobald es wärmer wird, packen die Restaurantbetreiber des modernen Konsumtempels die Liegestühle aus. Auf dem Hof des Kinopalasts nebenan schütten Bagger Sand auf. Straßburg wird zum Sommerstrand, ein kühles Minzewasser ist jetzt genau das richtige. Vor uns die Mediathek. Restaurierte

Kräne ragen in den Himmel. Die Sonne brennt auf das Wasser an der Presqu'île Malraux. Jetzt noch einen Blick ins Kinoprogramm für den Abend werfen. Oder gibt es ein Jazz-Konzert in der Cité de la Musique?

Presqu'île Malraux | Ufer Rivétoile und Médiathèque André Malraux | Tram: Churchill | Docks d'été auf www.strasbourg.eu

9 Art Café B 4

Es ist eine Kunst, all das auszublenden, was uns am meisten stört. Der Blick von der Terrasse des Art Café am Museum für Moderne Kunst hält es fern. Vor uns liegen die gedeckten Brücken und Straßburgs Altstadt. Im Rücken haben wir das moderne Museum. Vor uns die museale Pracht des Petite France. Vergessen wir ihn nicht, diesen allzu schönen Anblick.

Petite France | 1, pl. Hans Jean Arp | Tel. 03 88 22 18 88 | Zugang durch das Museum oder über eine Außentreppe links neben dem Eingang | www.musees.strasbourg.eu

NEU ENTDECKT
Darüber spricht ganz Straßburg

Straßburg befindet sich stetig im Wandel: Sehenswürdigkeiten werden eingeweiht, es gibt neue Museen, Galerien und Ausstellungen, Restaurants und Geschäfte eröffnen und ganze Stadtviertel gewinnen an Attraktivität, die Stadt verändert ihr Gesicht. Hier erfahren Sie alles über die jüngsten Entwicklungen – damit Sie keinen dieser aktuell angesagten Orte verpassen.

◄ Das Duo Jouin und Manku schuf aus Leder und Holz das Innere des Les Haras (► S. 19).

SEHENSWERTES

Bibliothèque Nationale et Universitaire (BNU) 🏷 E 3

Bislang war die Straßburger Universitäts- und Nationalbibliothek für alle ein Muss, die sich für Architektur aus der Kaiserzeit interessierten – für Studierende der Germanistik sowieso. Vier Jahre wurde die BNU umgebaut. Jetzt darf man sich auf eine kühne Innengestaltung freuen.

Nach den Plänen des Pariser Architekten Nicolas Michelin wurde die denkmalgeschützte Fassade mit neuem Leben gefüllt: Lesesäle mit 660 Arbeitsplätzen unter der alten, nach der Renovierung in neuem Glanz erstrahlenden Glaskuppel, 200 000 von insgesamt drei Millionen Dokumenten, die jetzt frei zugänglich sind, ein Auditorium, ein großzügiger Ausstellungsraum und eine spektakuläre Wendeltreppe, die sich im Zentrum der Bibliothek nach oben schraubt.

Neustadt | 6, pl. de la République | Tram: République | www.bnu.fr

La Fabrique – École Nationale Supérieure d'Architecture 🏷 B 2–3

Eine Architekturfabrik? Der französische Architekt Marc Mimram, von dem auch die Pläne für die Fußgänger- und Radfahrerbrücke (2004) zwischen Kehl und Straßburg stammen, hat den Erweiterungsbau der Hochschule für Architektur entworfen. Unweit des Straßburger Hauptbahnhofs hat er für knapp 30 Millionen Euro ein Gebäude aus verschachtelten Betonwürfeln mit großzügigen Glasflächen geschaffen.

Petite France/Bahnhof | 6–8, bd. du president Wilson | Tram: Gare Centrale | www.strasbourg.archi.fr

Place du Château 🏷 D 4

Kein Besucher kommt an diesem Platz vorbei. Über ein Jahr war er von Bauzäunen verdeckt. Es wurden archäologische Grabungen durchgeführt, die Fläche wurde umgestaltet. Jetzt zeigt sich der Platz in neuem Gewand, ist moderner und weitläufiger geworden. Manchem ist er mit viel Granit und Sandstein zu puristisch geraten. Doch er bleibt ein Ort zum Verweilen.

🕓 Mit der Dämmerung wird auch die neu gestaltete Beleuchtung der Bauwerke eingeschaltet. Mittelalter, Renaissance und Barock sind eindrucksvoll inszeniert.

Als werde der Skulpturenschmuck an den Gebäuden zum Leben erweckt.

Münster | zwischen Münster und Palais des Rohan | Bus: Bateliers

MUSEEN UND GALERIEN

Musée Historique   🏷 D 4

Lange endete die Stadtgeschichte Straßburgs mit der Französischen Revolution. Zumindest im Museum. 2007 ist das Musée Historique nach mehr als

20 Jahren Sanierung und Umbau im historischen Haus der Fleischerzunft (1587) wieder eröffnet worden. Inzwischen wurde die Ausstellung erweitert. Straßburgs Geschichte präsentiert sich nun auf 1700 qm, ergänzt um das 19. und das 20. Jh. Was gibt es Neues? Eine Sammlung von 60 000 bemalten Papiersoldaten in Miniaturgröße. Ein historisches Modell, das die städtebaulichen Eingriffe in der Innenstadt um 1910/1916 vorher und nachher zeigt. Bruchstücke zweier Säulen der 1898 erbauten Synagoge am Quai Kléber, die 1940 von den Nationalsozialisten in Brand gesetzt und zerstört wurde. Und die Flagge, die nach der Befreiung Straßburgs am 23. November 1944 auf der Spitze des Münsters flatterte.

Münster | 2, rue du Vieux Marché aux Poissons | Bus: Corbeau | www.musees.strasbourg.eu | Di–So 10–18 Uhr | Eintritt 6,50 €, erm. 3,50 €

Musée Vodou ⚑ A 4

Voodoo gilt als mystisch, dunkel, grausam. Mit derlei Vorurteilen will ein neues Straßburger Museum aufräumen. Zu sehen sind Voodoo-Puppen, Masken, Kostüme sowie zeitgenössische afrikanische Kunst und Volkskunst aus Ghana, Benin und Togo. Das Inventar stammt aus der gut 1000 Einzelstücke umfassenden Sammlung des früheren Straßburger Brauereidirektors und Museumsstifters Marc Arbogast. Allein das Gebäude ist spektakulär: Ein Wasserturm aus dem Jahr 1878 wurde zum Museum umgebaut.

Petite France | 4, rue de Koenigshoffen | Tram: Musée d'Art Moderne, 7 Min. zu Fuß, Bus: Obernai/Lyon | Fr–Sa 10–22, So 11–18 Uhr | Tel. 06 01 22 12 53 |

www.musee-vodou.com | Eintritt 14 € inkl. Führung nach Reservierung

ÜBERNACHTEN

Le Graffalgar ⚑ B 3

Schrill und unkonventionell – Ein altes, etwas aus der Mode gekommenes Hotel wurde vom alten Ballast befreit. Jedes Zimmer wurde anschließend von einem anderen Künstler gestaltet. Mal wurden die Wände mit Graffiti, mal mit illusionistischen Wandmalereien, mal mit Fotokunst verschönert. Jedes ist anders. Möbliert sind sie schlicht und funktionell. Die Preise sind angemessen, Ausstattung und Service tadellos.

Petite France/Bahnhof | 17, rue Déserte | Tram: Gare Centrale | Tel. 03 88 24 98 40 | www.graffalgar.com | 19 Zimmer | €€

ESSEN UND TRINKEN

1741 ⚑ D 4

Barocke Pracht, erlesene Küche – Ein Blick aus dem Fenster eines der eleganten Speisesalons verrät die Bedeutung der Jahreszahl, die diesem Restaurant seinen Namen gegeben hat. Im Jahr 1741 befand sich das schräg gegenüber gelegene Château des Rohan, einst Residenz des Straßburger Fürstbischofs, kurz vor der Fertigstellung. Im neuen Restaurant 1741 geht es konsequenterweise prachtvoll zu. Eine exquisite Küche mit der passenden Weinauswahl: Guillaume Scheer komponiert raffinierte Menüs, in der zweiten Etage darf man ihm sogar auf die Finger sehen. Die Innengestaltung nimmt das Rokoko-Thema zeitgemäß auf. 2014 zeichnete der Guide Michelin das noch junge Restaurant mit einem Stern aus.

Krutenau | 22, quai des Bateliers | Bus: Corbeau/Bateliers | Tel. 03 88 35

50 50 | www.1741.fr | Do–Mo 11.30–14.30, 19–24 Uhr | €€–€€€

Les Haras   B 5

In historischem Ambiente – Wo sich im 18. Jh. Pferde die Beine vertraten, schlafen und speisen heute Touristen und Wissenschaftler, die in Straßburg zu Gast sind. Das Straßburger Forschungsinstitut IRCAD hat die Sanierung des ehemaligen königlichen Gestüts finanziert und ein historisches Gemäuer gerettet, das vom Verfall bedroht war. Les Haras (das Gestüt) wurde Ende 2013 eröffnet und bedient gehobene Ansprüche. Das Restaurantkonzept der Brasserie nebenan hat kein geringerer als Marc Haeberlin, der berühmte Sternekoch aus Illhaeusern, entwickelt. Moderne französische Küche trifft hier auf erlesenes Interieur. Auch wer in der Lounge nur einen Kaffee wünscht, ist der Equipe willkommen.

Finkwiller | 23, rue des Glacières | Bus: Hôtel du Département | Tel. 03 88 24 00 00, Hotel: Tel. 03 90 20 50 00 | www.les-haras-brasserie.com, www.les-haras-hotel.com | Di–Do 12–14, 19–22, Fr, Sa 12–14.30, 19–22.30, Bar/Lounge 18.30–24, Fr, Sa bis 1 Uhr | €€€

EINKAUFEN

Printemps   C 3

Im Inneren unterscheidet sich das Modekaufhaus nicht weiter von anderen Filialen der Kette mit einem breiten Angebot, das von gediegen bis luxuriös reicht. Zu einer Sehenswürdigkeit macht es seit dem Jahr 2013 die neue Fassade, die mit ihren kubischen Elementen an einen riesigen Kristall erinnert. Wer sich Zeit nimmt und bis zur fünften Etage nach oben fährt, wird mit einem schönen Ausblick auf die Innenstadt belohnt.

Kléber | Tram: Homme de Fer | www.printemps.fr

⚑ Weitere Neuentdeckungen sind durch dieses Symbol gekennzeichnet.

In den Räumen des Musée Historique (▶ MERIAN TopTen, S. 17), wie der Salle des Arts Decoratifs, werden Gemälde, Waffen, Uniformen und Alltagsgegenstände ausgestellt.

Die prächtige Opéra National du Rhin (▶ S. 40), ein kulturelles Zentrum der Stadt.

STRASSBURG
ERLEBEN

ÜBERNACHTEN

Sie schlafen in gemütlichen Bürgerhäusern oder Hotels mit modernem Komfort. Straßburg empfängt Sie mit einer Mischung aus Fachwerkcharme, französischem Chic und der Atmosphäre einer historischen Europastadt.

In Straßburg haben seit Langem zahlreiche europäische Institutionen Quartier bezogen. Das verleiht der Stadt großstädtisches Flair. Dennoch sind viele Hotels, insbesondere im Innenstadtbereich, in ihrer überschaubaren Größe familiär geblieben und bieten mit ihrer gemütlichen Atmosphäre einen idealen Ausgangspunkt, die Stadt zu erkunden.

GROSSER ANDRANG BEI HOTELS

Bei unseren Empfehlungen haben wir den Schwerpunkt auf Häuser gelegt, die in der Altstadt oder zumindest so zentrumsnah gelegen sind, dass Sie bei einem Besuch viele Sehenswürdigkeiten zu Fuß erreichen können. Straßburg ist eine Großstadt mit gastfreundlichen Dimensionen. Bitte beachten Sie, dass die meisten Hotels der Stadt während der Sitzungswochen des Europäischen Parlaments zwischen Montag und Don-

◄ Zentral und doch ganz ruhig logiert man im Cour du Corbeau (► S. 23).

nerstag meist ausgebucht sind. Auch wer einen Kurzurlaub in der Vorweihnachtszeit plant, sollte sich nicht auf sein Glück verlassen oder auf Last-Minute-Angebote setzen: Der Dezember gilt als der besucherstärkste Monat. Falls Sie mit dem Auto anreisen, erkundigen Sie sich am besten vorab nach den Parkmöglichkeiten des von Ihnen ausgewählten Hotels. Insbesondere die Häuser im Zentrum der Stadt verfügen oft nur über beschränkte, mitunter sogar über gar keine eigenen Parkplätze.

FRÜHSTÜCK IN DER STADT

Bei Ihrer Buchung sollten Sie außerdem beachten: In Frankreich beziehen sich die Preisangaben der Hotels auf das Zimmer. Ob dort zwei oder drei Personen übernachten, spielt hier keine Rolle. Das Frühstück, häufig als Büfett angeboten, ist jedoch nicht im Preis inbegriffen. Je nach Kategorie sollten Sie mit zusätzlich 6 bis 25 € pro Person rechnen. Manchmal bietet sich alternativ zum Frühstück in der Unterkunft als Auftakt für einen abwechslungsreichen Tag in Straßburg auch ein Croissant mit Kaffee in einer der schönen Konditoreien oder einem Café in der Innenstadt an einem besonderen Platz an. Die von uns empfohlenen Hotels verfügen über einen Internetanschluss, den Gäste nutzen können.

BESONDERE EMPFEHLUNGEN

Cathédrale ◢◤ D 4

Stilvoll an der Kathedrale – Der Name verrät es: Das Hotel liegt in direkter Nachbarschaft zum Münster. Die nach vorn gelegenen Zimmer bieten einen der schönsten Ausblicke der Stadt. Alle verfügen über modernen Komfort.
Münster | 12–13, pl. de la Cathédrale | Tram: Grand'Rue | Tel. 03 88 22 12 12 | www.hotel-cathedrale.fr | 47 Zimmer | €€

Chut ◢◤ B 4

Versteckt im Petite France – Dass die Inhaberin im Hauptberuf Architektin ist, macht sich in jedem der ungewöhnlich eingerichteten Zimmer bemerkbar. Für das Hotel wurden zwei Fachwerkhäuser aus dem 16. Jh. und ein gemeinsamer Innenhof verbunden. Persönlicher Service trifft auf eine abwechslungsreiche frische Küche bei bester Lage im Petite France.
Petite France | 4, rue du Bains-aux-Plantes | Tram: Musée d'Art Moderne | Tel. 03 88 32 05 06 | http://hote-strasbourg.fr | ♿ | €€

Cour du Corbeau ◢◤ D 4

Luxus in historischem Gewand – Der Rabenhof mit seinen geschnitzten Balustraden liegt verborgen hinter einem Toreingang an der Ill. Die historische

Poststation wurde aufwendig saniert und in ein luxuriöses Hotel mit stilvollen Zimmern verwandelt.

Krutenau | 6–8, rue des Couples | Bus: Corbeau | Tel. 03 90 00 26 26 | www.cour-corbeau.com | 57 Zimmer | ♿ | €€€€

Couvent du Franciscain   C3

Preiswert und zentral – Das Hotel liegt wenige Minuten von der Place de la République und der Place Broglie entfernt und dennoch ruhig. Die Zimmer sind funktionell eingerichtet, der Frühstücksraum befindet sich in einer Art Gewölbekeller. Hoteleigener Parkplatz.

Neustadt | 18, rue du Faubourg de Pierre | Bus: Faubourg de Pierre | Tel. 03 88 32 93 93 | www.hotel-franciscain.com | 43 Zimmer | Parkplatz 10 €/Tag | ♿ | €

Du Dragon   C5

Abseits der Touristenströme – In einer Nebenstraße südlich des Quai Finkwiller liegt dieses sympathische Hotel, das mit seinem Namen auf einen historischen Vorläufer aus dem 14. Jh. zurückgeht. Die Zimmer sind modern und funktionell ausgestattet. Ruhig gelegen am äußeren Ill-Ufer, dennoch nahe an den wichtigen Sehenswürdigkeiten.

Finkwiller | 12, rue du Dragon | Tram: Porte de L'Hôpital | Tel. 03 88 35 79 80 | www.dragon.fr | 32 Zimmer | €€

Gutenberg   C4

Straßburg liegt vor der Tür – Das Hotel überzeugt durch seine zentrale Lage, moderate Preise und neu renovierte, modern gestaltete Zimmer.

Petite France | 31, rue des Serruriers | Tram: Grand'Rue | Tel. 03 88 32 17 15 | www.hotel-gutenberg.com | 42 Zimmer | ab €

Hannong   C4

Ausblick von der Dachterrasse – Ein zentral gelegenes, elegantes Hotel mit geschmackvoll und schlicht eingerichteten Zimmern. Fragen Sie nach einem der ruhigen Zimmer an der Rückseite des Hauses. Die beliebte Weinbar ist auch für Nicht-Hotel-Gäste zugänglich.

Petite France | 15, rue du 22 Novembre | Tram: Alt Winmärik | Tel. 03 88 32 16 22 | www.hotel-hannong.com | 72 Zimmer | €€

Le Graffalgar 🚩   B3

Schrill und unkonventionell – Ein altes, ein wenig aus der Mode gekommenes Hotel wurde vom alten Ballast befreit. Jedes der 19 Zimmer wurde anschließend von einem anderen Künstler gestaltet. Mal wurden die Wände mit Graffiti, mal mit illusionistischen Wandmalereien, mal mit Fotokunst verschönert. Keines der Zimmer gleicht dem anderen. Möbliert sind sie schlicht und funktionell. Die Preise des Graffalgar sind angemessen, Ausstattung und Service tadellos.

Petite France | Bahnhof, 17, rue Déserte | Tram: Gare Centrale | Tel. 03 88 24 98 40 | www.graffalgar.com | 19 Zimmer | €€

Le Kléber   C3

An Straßburgs lebendigstem Platz – Behaglich eingerichtete Zimmer in bester Lage an der Place Kléber. Dazu freundliche Preise und ein ebensolcher Service.

Kléber | 29, pl. Kléber | Tram: Homme de Fer | Tel. 03 88 32 09 53 | www.hotel-kleber.com | 35 Zimmer | €

Maison Rouge C4

Großstädtisches Flair – Hinter der prächtigen Fassade verbergen sich klassisch-elegant möblierte Zimmer mit ausgewähltem Interieur. Das »Rote Haus« liegt zentral zwischen Petite France und Place Kléber und damit ideal zum Sightseeing und zum Shoppen. Zahlreiche Kinos sind zu Fuß erreichbar.

Kléber | 4, rue des Francs-Bourgeois | Tram: Grand'Rue | Tel. 03 88 32 08 60 | www.maison-rouge.com | 140 Zimmer | ♿ | €€

Régent Petite France C4

Für höchste Ansprüche – In den Mauern einer ehemaligen Eisfabrik ist eine der besten Hoteladressen Straßburgs entstanden. Die Zimmer sind puristisch und komfortabel eingerichtet. Von der Champagnerbar aus blickt man auf die Ill und die Schleuse. Sicher eines der attraktivsten aber auch teuersten Quartiere der Stadt. Mit Spa.

Petite France | 5, rue des Moulins | Bus: Saint-Thomas | Tel. 03 88 76 43 43 | www.regent-petite-france.com | 72 Zimmer | ♿ | €€€€

Villa d'Est C2

Gediegener Komfort – Hotel mit stilvollen geräumigen Zimmern ein wenig abseits der Innenstadt, die dennoch zu Fuß erreichbar bleibt. Die Zimmer sind teils rustikal, teils modern ausgestattet. Mit deutschsprachigem Empfang, Fitnessraum und Hammam.

Neustadt | 12, rue Jacques Kablé | Bus: Faubourg de Pierre | Tel. 03 88 15 06 06 | www.hotel-villa-est.com | 48 Zimmer | €€€

Preise für ein Doppelzimmer mit Frühstück:

€€€€	ab 170 €	€€€ ab 130 €
€€	ab 90 €	€ bis 90 €

Puristisch eingerichtet sind die Räume im Hotel Chut (▶ S. 23) und bilden damit einen attraktiven Kontrast zu den alten Fachwerkhäusern, in denen sie untergebracht sind.

ESSEN UND TRINKEN

*Rustikale Weinstuben locken mit elsässischer Küche.
Aber auch die französische Haute-Cuisine findet ihren
Platz. Zum klassischen Menü gehört einer der
hervorragenden Weine aus der Region.*

Was wäre die elsässische Metropole ohne ihre rustikalen Weinstuben, die
»Winstub«, diese typisch Straßburger Tradition. Natürlich findet sich daneben die ganze Bandbreite französischer Küche, von den kleinen, von
außen manchmal unscheinbaren Lokalen mit einer am Angebot des
Marktes orientierten Karte bis zu den (auch im Preis) gehobenen und
ambitionierten Restaurants, die sich vielleicht sogar in einem der einschlägigen Gastronomieführer finden. In den Weinstuben trifft der Gast
oft auf eine traditionelle Küche, rund um Münster und Petite France gibt
es besonders viele von ihnen, nicht jede ist jedoch empfehlenswert.
Was für die Franzosen im Allgemeinen gilt, die Vorliebe zu ausgiebigen,
mehrgängigen Mahlzeiten, das trifft auch auf die Elsässer zu. Die typische
regionale Küche fällt deftig und reichhaltig aus, mit Sauerkraut, Geräu-
chertem vom Schwein, Würsten, Presskopf und **Flammekueche** (Tarte

◄ Fruchtige Tartes und cremige Törtchen
zählen zu Frankreichs Gebäckklassikern.

flambée). Die dünnen, im Holzofen knusprig gebackenen Hefefladen werden mit saurem Rahm bestrichen und mit Speck und Zwiebeln belegt. Eine andere Spezialität ist **Baeckeoffe**, ein Eintopfgericht aus drei Sorten Fleisch und Kartoffeln, gegart in elsässischem Riesling.

AUSGIEBIG TAFELN – ZUMINDEST AN FESTTAGEN

Zu den regionalen Spezialitäten zählt auch der Kuglhupf. Zum Apéritif wird dazu gerne ein Glas des elsässischen Winzersekts, des nach Champagnermethode hergestellten Crémant d'Alsace, gereicht. Oder Gänse- und Entenstopfleber, in der Luxusvariante getrüffelt. Inzwischen ist in Vergessenheit geraten, dass diese im Allgemeinen als typisch französisch geltende Delikatesse Ende des 18. Jh. in Straßburg erfunden wurde. Ein gewisser Jean-Pierre Clause heiratete eine Straßburgerin und erfand als Koch des Maréchal de Contades die berühmte Pastete. Mittlerweile nimmt selbst im Delikatessen verliebten Frankreich die Kritik an den Herstellungsbedingungen der Lebern für die »**foie gras**« zu.

Auch wenn sich moderne Essgewohnheiten – ein schnelles Essen in der Mittagspause auf die Hand – langsam durchsetzen, so halten die Elsässer an besonderen Tagen am ausgiebigen Tafeln fest. Das **Choucroute** wird neuerdings auch mit Fisch angerichtet. Ein Menü schließt man nach wie vor gerne mit den regionalen Schnäpsen, einem Marc de Gewurztraminer, Kirsch und Framboise (Himbeer) ab. Die regionalen Früchte schätzt man nicht nur als Sorbet, sondern auch auf einem dünnen Mürbeteigboden als Tarte. Zum Abschluss eines Menüs schätzt der Elsässer auch den **Munster**, den cremigen, intensiv riechenden Käse aus den Vogesen. Im Frühjahr sollten Sie Spargel probieren, im Herbst eines der Wildgerichte, und im Advent Weihnachtsgebäck, das es in Frankreich in dieser Form nur im Elsass gibt.

JUNGE WEINE AUS DEM ELSASS

Nicht zu vergessen sind als Begleiter zu jedem Menü die elsässischen, bis auf den Pinot Noir weißen, meist jung genossenen Weine. Im Elsass wird die Rebsorte – Sylvaner, Pinot Blanc, Riesling, Pinot Gris, Muscat und Gewurztraminer – auf dem Etikett ausgewiesen. Der Zusatz »Grand Cru« steht für Erzeugnisse, die in Bezug auf Ertrag und Anbaugebiet streng reglementiert und besonders hochwertig sind.

BESONDERE EMPFEHLUNGEN

Buerehiesel 🍴 G 2

Spitzenküche – Unter Eric Westermanns Vater galt das Buerehiesel bei Gourmets als die Adresse schlechthin in der Stadt. Kein leichtes Erbe hat der Mittdreißiger angetreten. Seit der junge Westermann das zudem ausnehmend schöne Restaurant in einem Bauernhaus in der Orangerie führt, setzt er eigene Maßstäbe. Er senkte die Preise, nicht jedoch die Qualität und überzeugt mit subtilen Kombinationen, etwa Petersfisch mit Zitronen-Thymian-Confit, dazu lauwarmen Gemüsesalat.

Europäisches Viertel | 4, parc de l'Orangerie | Tram: Droits de l'Homme, Bus: Conseil de l'Europe | Tel. 03 88 45 56 65 | www.buerehiesel.com | tgl. 12–13.30, 19.30–21.30 Uhr | Mittagsmenü wochentags 37 €, sonst €€€€

La Cambuse 🍴 C 4

Meeresküche exotisch – Babette Lefèvre verbindet französische Küche mit exotischen Aromen und darf sich für ihre Kochkünste inzwischen mit einem Michelin-Stern schmücken. Die Zahl der Tische ist so überschaubar wie das Innenleben einer Yacht, an die das Restaurantinterieur erinnert. Die Weinkarte ergänzt die Kreationen aus der Küche mit erlesenen Tropfen. Unbedingt reservieren!

Petite France | 1, rue des Dentelles | Tram: Musée d'Art Moderne | Tel. 03 88 22 10 22 | Di–Sa 12–14.30 und 19–22.30 Uhr | €€€

La Table de Christophe 🍴 D 4

Vom Wochenmarkt auf den Teller – Frisch und unkompliziert ist Christophe Ischias Küche. Die Karte wechselt entsprechend der saisonal verfügbaren Produkte. Zum Beispiel Schneckenfrikassee mit winterlichem Wurzelgemüse. Käsekuchen mit Mandarinensorbet.

Münster | 28, rue des Juifs | Tram: République | Tel. 03 88 24 63 27 | www.tabledechristophe.com | Di–Sa 12–14 und ab 19.15 Uhr | €

Maison Kammerzell 🍴 D 4

Institution in historischen Mauern – Das Kammerzell gehört zu den Häusern, die Modeerscheinungen einfach ignorieren. Die Karte setzt auf bewährte Klassiker. Hier wurde das Sauerkraut mit Fisch von Guy-Pierre Baumann erfunden. Das Haus selbst zieht die Blicke der Passanten auf sich. Die Lage direkt am Münster macht es für viele Straßburg-Besucher zu einem Anziehungspunkt.

Münster | 16, pl. de la Cathédrale | Tram: Grand'Rue | Tel. 03 88 32 42 14 | www.maison-kammerzell.com | tgl. ab 12 und ab 19 Uhr | €€

Le Pont aux Chats 🍴 E 4

Geradlinige und raffinierte Küche – Dabei ist Valère Diochet im Preis moderat geblieben. Über Jahre hat er in verschiedenen Sternerestaurants mit am Herd gestanden, bevor er sein eigenes Haus eröffnet hat. Angenehm im Sommer: eine kleine Terrasse im Hof. Mittagsmenü zu 18 Euro.

Krutenau | 42, rue de la Krutenau | Bus: Krutenau | Tel. 03 88 24 08 77 | www.lepontauxchats.fr | Mo–Sa 12–14.30, 19.30–21 Uhr (Sa Mittag geschl.) | €€

Le Clou 🍴 D 4

Prototyp der Weinstube – Ein Straßburger Wurstsalat oder Weinbergschnecken in Knoblauchbutter, Foie gras, Zwiebelkuchen oder Sauerkraut. Diese Küche hat nichts Gekünsteltes. Man sitzt dicht an dicht an kleinen Tischen.

Münster | 3, rue du Chaudron | Tram: Broglie | Tel. 03 88 32 11 67 | www.le-clou.com | tgl. 11.45–14, 17.30–24 Uhr, So (außer im Dez.) und feiertags geschl. | €

Péniche Bacchus   E 4

Keine Sorge, dieser Kahn ist gut vertäut! Zwei Stockwerke bieten Platz für die Gäste der Weinbar an der Ill, die auf Barhockern an kleinen Tischchen sitzen. Man wählt allein aus 30 Weinen, die offen angeboten werden. Doch diese sind nur ein winziger Ausschnitt dessen, was die Péniche Bacchus zu bieten hat. Die Küche beschränkt sich auf geschmackvolle Appetithappen, für einen unbeschwerten Genuss in dieser ungewöhnlich gelegenen Weinbar. Das

Wollen Sie's wagen?

Wagen Sie sich an Tête de veau (Kalbskopf) avec sauce vinaigrette, wenn sie auf der Karte steht! Eine Delikatesse, die, sofern es der Koch richtig macht, mit der Zunge und mit einer Zitrone im Maul serviert wird. Sie werden sehen, der Geschmack hilft über die Optik hinweg.

Straßburger Ausgehviertel Krutenau liegt gleich nebenan.

Krutenau | Quai des Pêcheurs | Tram: Gallia | Tel. 03 88 36 65 78 | Di, Mi 17–24, Do–Sa 17–1 Uhr

Weitere empfehlenswerte Adressen finden Sie im Kapitel **STRASSBURG ERKUNDEN**.

Preise für ein dreigängiges Menü:

€€€€	ab 60 €	€€€	ab 40 €
€€	ab 25 €	€	bis 25 €

Das La Cambuse (▶ S. 28) mit asiatisch akzentuierter Küche liegt inmitten des Petite France und heißt die Gäste in dem an eine Kajüte erinnernden, intimen Interieur willkommen.

Grüner reisen
Urlaub nachhaltig genießen

Wer zu Hause umweltbewusst lebt, möchte vielleicht auch im Urlaub Menschen unterstützen, denen ein verantwortungsvoller Umgang mit der Natur am Herzen liegt. Empfehlenswerte Projekte, mit denen Sie sich und der Umwelt einen Gefallen tun können, finden Sie hier.

Straßburg rückte Mitte der 1990er-Jahre als umweltbewusste Stadt am Rhein in den Fokus, als die futuristisch anmutende Straßenbahn ihren Dienst aufnahm. Straßburg leistete und leistet Pionierarbeit, was zeitgemäße und umweltbewusste Mobilität angeht. Auch nach 20 Jahren steigen Einheimische wie Gäste gerne in die lichtdurchfluteten Niederflurwagen, die sie sauber und schnell an ihr Ziel bringen. Und die Tramlinien werden konsequent weiter ausgebaut. Bis Mitte 2016 wird auf diese Weise auch die deutsche Nachbarstadt Kehl in wenigen Minuten unkompliziert erreichbar sein. Das ist für jeden – ob Einheimische der Grenzregion oder Besucher – ein Gewinn. Europa wächst zusammen. Straßburgs Engagement in Sachen Umweltschutz beschränkt sich jedoch keineswegs auf den Nahverkehr oder das ausgedehnte, ständig erweiterte Radwegenetz. Auf den Wochenmärkten zeugen die Stände von Biobauern aus dem Umland und Herstellern regionaler Produkte, die auf Nachhaltigkeit und handwerkliche Qualität setzen, von der zunehmenden Popularität einer bewussten Lebensweise. Bis 2015, so hat es sich der Gemeinderat der Großstadt zum Ziel gesetzt, sollen die Emissionswerte um die Hälfte reduziert werden. Pestizide sind in kommunalen Grünanlagen verboten. In Straßburgs Schulkantinen hält Essen in Bioqualität Einzug: Zu mindestens einem Fünftel müssen die Lebensmittel aus kontrolliertem Anbau stammen. Ökologisches Denken hat in den vergangenen Jahren das Gesicht ganzer Stadtteile grundlegend verändert. Wer sich dem Straßburger Zentrum heute von der Europabrücke her nähert, durchquert die neuen, sogenannten Ökoquartiere. Diese Gebäude wurden nicht nur nach modernen Kriterien für energiesparendes Bauen geplant und errichtet. Mit einer großen Formen- und Materialvielfalt ist hier auch ein Beispiel für ästhetisch überzeugende Gestaltung gelungen.

ESSEN UND TRINKEN

L'œnosphère ⚑ E 4

Der gepflegter Caviste (Weinhändler) mit Bioweinen und einer Weinbar liegt nicht von ungefähr in Straßburgs Stadtteil, in dem die Mehrheit der Bewohner grün wählt. Wer mehr über die Geschmacksnoten verschiedener Weine wissen möchte, lässt sich bei einem der Abendkurse in die Kunst des (Bio-) Weinbaus einweisen oder lernt bestimmte Rebsorten und Weinbauregionen näher kennen. Mittags wird zu verschiedenen offenen Weinen eine Auswahl an Käse und Wurst gereicht.

Krutenau | 33, rue de Zurich | Bus: Krutenau | Tel. 03 88 36 10 87 | www. oenosphere.com | Di, Mi 10–19, Do–Sa 10–21 Uhr, Weinbar Di–Sa 12–14, Do–Sa 19–23 Uhr | €€

Une Fleur des Champs ⚑ D 3

Bewusst und genussvoll essen ist das Anliegen des eher unscheinbaren Restaurants mit Ladengeschäft in der Nähe der Place Broglie. Lasagne, Gemüsepfannkuchen, Wildfisch – preiswerte und leckere Tagesgerichte stehen auf der Speisekarte des Biorestaurants. Sie können hier auch Produkte in entsprechender Qualität erwerben, etwa Obst und Gemüse aus dem Elsass, Nudeln, Öle und italienische Oliven. Wer mehr über eine geschmackvolle und zugleich saisonale Ernährung und Küche lernen möchte, kann einen der Kochkurse am Abend besuchen. Zum sozialpolitischen Engagement des Restaurantbetreibers, der seine Gäste auch gerne am Tisch in ein Gespräch verwickelt, gehören Infoveranstaltungen über einen respektvollen Umgang mit Lebensmitteln. Nach dem Essen wird hier Getreidekaffee gereicht.

🕐 Für den Mittagstisch ist eine Reservierung ratsam.

Münster | 4, rue des Charpentiers | Tram: Broglie | Tel. 03 90 23 60 60 | www.unefleurdeschamps.com, Programm unter www.cafesantenature. fr | Di–Sa 12–14, 19–22 Uhr | €

EINKAUFEN

Bionat ⚑ C 4

Das Konzept des im elsässischen Châtenois produzierenden Schuhlabels beinhaltet natürliche Materialien und lange Lebensdauer. Fußfreundliche Schuhe sind das Kerngeschäft. Daneben bietet die Boutique eine große Bandbreite von Bekleidung und Accessoires (Ledertaschen) sowie Babybedarf, die biologischen Ansprüchen genügen. Von Kopf bis Fuß – so lautet der Beiname des Ladens –, kann sich der Kunde somit zumindest rein äußerlich für ein umweltverträgliches Leben ausrüsten.

Petite France | 100, Grand'rue | Tram: Grand'Rue | Tel. 03 88 16 15 95 | www.bionat.fr | Di–Sa 10.30–18.30 Uhr

Boutique Ekyog 🌿 D 4

Ekyog ist eine französische Marke für umweltbewusste Mode. Ökologisches Verantwortungsbewusstsein trifft in den Boutiquen der Kette auf lässigen Chic. Eine unternehmenseigene Charta schreibt vor, dass sämtliche Materialien ökologisch produziert sein müssen. So verarbeitet Ekyog ausschließlich Baumwolle, die von unabhängigen Organisationen zertifiziert wurde. Strenge Richtlinien gelten sowohl für die Fertigung als auch für Transport und Färbeprozesse. Außerdem investiert der Hersteller 10 % seiner Gewinne in Projekte, die sich weltweit für eine soziale und ökologische Produktion von Kleidung einsetzen.

Münster | 2, rue des Juifs | Tram: Broglie | Tel. 03 88 32 61 27 | www.ekyog.com | Mo 14–19, Di–Sa 11–19 Uhr

Le Serpent Vert 🌿 F 4

Ein Supermarkt, dessen Name auf Goethes »Märchen von der grünen Schlange« anspielt, findet sich ganz in der Nähe des Universitätscampus. Auf 300 qm bietet der Laden frisches Obst und Gemüse aus regionalem ökologischem Anbau sowie ein reichhaltiges Sortiment anderer Bio-Lebensmittel. Die Besitzer der Ladenkette legen auch Wert auf gute Arbeitsbedingungen ihrer Mitarbeiter und Lieferanten. Auch das gehört für die Gründer Jean Cousquer, seine Frau Sylviane und Bruder Bruno seit 1983 zu ihren unternehmerischen Werten. Als Brücke zwischen sinnlicher und geistiger Welt – ganz im Sinne Goethes.

Neustadt | 37, blvd. de la Victoire | Tram: Observatoire | www.serpentvert.com | Mo, Di 14.30–19, Di–Do 9–13 und 14.30–19, Fr 9–19, Sa 9–18 Uhr

FESTE FEIERN

Summerlied ▶ S. 133, c 1

Gesang, Dichtung und Kabarett treffen alle zwei Jahre in verschiedenen Sprachen und von unterschiedlichen Kulturen auf vier Bühnen an vier Tagen in einem Waldstück bei Ohlungen in der Nähe von Hagenau aufeinander. Im Zentrum des Festivals Summerlied stehen die Musik und die verschiedenen Erzähltraditionen, vorgetragen von Liedermachern und Gruppen aus dem Elsass sowie aus anderen nahen und ferneren Regionen.

Summerlied steht für das Bewahren regionaler Traditionen. Eine fast ebenso große Rolle spielt nachhaltiges Denken bei der Organisation dieses Großereignisses: Der Energieverbrauch und die Müllmenge sollen etwa dank wiederverwertbarer Becher und Teller möglichst niedrig gehalten werden. Ein Kinderprogramm sowie freier Eintritt für eine Vielzahl von Konzerten stehen für die soziale Komponente von Summerlied.

Ohlungen bei Hagenau | 4, rue du Général de Gaulle, 67590 Schweighouse-sur-Moder | Tel. 03 88 07 29 61 | www.summerlied.org | alle zwei Jahre Mitte August

AKTIVITÄTEN

Vélhop 🚲 B 3/D 5

Mit 560 km Radwegen verfügt Straßburg im Vergleich zu anderen Städten Frankreichs über das längste Radwegenetz. Und damit sind keineswegs nur Strecken in ruhigen Stadtvierteln gemeint. Im Unterschied zu anderen französischen Großstädten gehören Radfahrer auf Straßburgs Straßen auch im umtriebigen Zentrum zum Alltag. 360 Einbahnstraßen dürfen von ihnen in beide Richtungen genutzt werden. Mit Fahrradparkhäusern am Bahnhof und an einigen Tramstationen bestärkt die Kommunalpolitik alle, die vom Auto auf das Rad umsteigen.

Der städtische Radverleih mit dem dynamisch anmutenden Namen Vélhop kommt deshalb in der Bevölkerung wie bei Besuchern gleichermaßen gut an. 4400 der auffälligen grün-silbernen Drahtesel stehen zur Verfügung. Die Ausleihe ist rund um die Uhr an Parkstationen mit Automat möglich oder zu bestimmten Öffnungszeiten in einem von fünf Fahrradläden (Boutiques Vélhop) im Stadtgebiet.

Achtung: Nur die Verleihstellen am Bahnhof und im Zentrum haben an Sonn- und Feiertagen geöffnet, und auch nur von März bis Oktober. Zwölf Stunden Ausleihe kosten 5 Euro. Zudem sind flexible Ausleihzeiten möglich.

Bahnhof | Grande Verrière, Pl. de la Gare, Niveau 1 | Tram; Bus: Gare Centrale | Tel. 03 88 18 00 40 | www.velhop.strasbourg.eu | Mitte Okt.–Mitte März Mo–Fr 8–19, Sa 9.30–12.30 und 14–17.30 Uhr, So geschl., Mitte März bis Mitte Okt. Mo–Fr 8–19, Sa, So und Feiertag 9.30–19 Uhr, außerdem: 3, rue d'Or | Tram: Porte de l'Hôpital | 23, bd. de la Victoire sowie Schiltigheim und Koenigshoffen

In der schlicht, aber geschmackvoll eingerichteten Weinhandlung L'œnosphère (▶ S. 31) werden Interessierte in die Kunst des (Bio-)Weinbaus eingewiesen.

EINKAUFEN

*Straßburg ist eine erstklassige Adresse für Feinkost,
raffinierte Mode und erlesene Antiquitäten. Aber auch
die Liebhaber von Büchern und Kunsthandwerk
kommen hier voll auf ihre Kosten.*

In der Rue Mercière drücken zierliche Asiatinnen entzückt ihre Nasen an
das Schaufenster der Pâtisserie Christian Meyer. Hinter der Scheibe befinden sich **Kugelhopf**, dunkle Trüffel groß wie Kastanien, mit Finger-
spitzengefühl dekorierte Törtchen. Unwillkürlich fragt man sich, wie es
wohl duften muss, sobald man die Tür aufgestoßen hat!

KULINARISCHER GENUSS VON TOURTE BIS SCHOKOLADE

So wie in der Rue Mercière wird es Ihnen an vielen Orten in Straßburg
ergehen. Wohin man schaut: allerlei Köstlichkeiten. Schließlich befinden
wir uns in einer französischen Region mit kulinarischer Tradition. Feine
Nahrungsmittel in reicher Auswahl sind typisch Frankreich und typisch
für das Elsass. In Straßburgs Zentrum, ganz besonders in den Gassen
rund um das Münster, wird die Auswahl alle Neugierigen erfreuen, wenn-

◄ Die Auslagen der Pâtisserie Christian Meyer
(▶ S. 48) sind ein echter Augenschmaus.

gleich die Delikatessen manchmal befremdlich anmuten. Das Betrachten der Auslagen bei einem der »Traiteurs« wird zur aufregenden Entdeckungsreise, und das nicht nur mit den Augen. Elsässische Weine findet man beim Fachhändler. Dazu lohnt auch ein Ausflug ins Straßburger Umland: Probieren und kaufen Sie direkt beim Erzeuger. Zu empfehlen sind die französischen Wochenmärkte. Viele regionale Spezialitäten – ob Winzerpasteten (Tourte), Käse, Weinbergschnecken, Honig – werden hier neben Obst und Gemüse aus den regionalen Anbaugebieten angeboten. Dass die Vorliebe für Kuchen, Gebäck, Lebkuchen und Schokoladenprodukte wie Pralinen und kandierte Früchte im Elsass Tradition hat, verraten die Pâtisserien und Chocolaterien.

Die typische Keramik aus den Dörfern Soufflenheim und Betschdorf eignet sich zu Hause nicht nur als Dekoration. Mit Geschirr, Krügen, Back- und Auflaufformen nehmen Sie damit auch ein kleines Stück Elsass mit nach Hause. Darin lassen sich die Spezialitäten aus der Region ganz sicher landestypisch nachkochen. Bei Tischwäsche aus ungebleichtem Leinen oder solcher mit den typischen Karos und Streifen in Rot oder Blau sollten Sie unbedingt darauf achten, dass es sich nicht um Billigimporte sondern um qualitativ hochwertige Produkte aus der Region oder zumindest französischer Herstellung handelt.

BUMMELN RUND UMS MÜNSTER

Weil schon die Abwechslung vom gewohnten Warenangebot den halben Spaß beim Einkaufen ausmacht, orientiert man sich beim Bummel durch die Einkaufsstraßen in der Fußgängerzone zunächst rings um das Münster. Die Rue du Dôme, Rue des Hallebardes und Rue des Orfèvres sind die wichtigsten Geschäftsstraßen. Sie umgrenzen das »Carré d'Or« (goldenes Viereck) genannte Viertel, in Anlehnung an die früher ansässigen Handwerker, die Goldschmiede. Heute passen dazu die auf Erlesenes spezialisierten Auslagen. Orientieren Sie sich auch an Plätzen wie Place Kléber und Place Gutenberg. Bekleidung finden Sie in den Warenhäusern Printemps und Galerie Lafayette sowie in der Rue des Grandes Arcades, französische Designermode in der Rue de la Mésange.

Bei den Öffnungszeiten gilt es zu beachten, dass viele Geschäfte montags erst am Nachmittag öffnen. Abends und samstags schließen sie je nach Größe zwischen 18 und 20 Uhr.

BESONDERE EMPFEHLUNGEN
ACCESSOIRES
Mémé en Autriche   D 5
Nicht elsässisch, dafür schrill und erstaunlich ist das Sammelsurium allerlei schöner, manchmal auch nützlicher Dinge, die der Inhaber Philippe Meyer in Barcelona, Berlin, London oder auch in den USA zusammenträgt. Die beiden nebeneinanderliegenden Geschäfte sind auf Accessoires sowie Papier- und Schreibwaren spezialisiert.
Krutenau | 7–11, rue des Bouchers | Tram: Porte de l'Hôpital, Bus: Corbeau | www.memeenautriche.com | Mo 14–19, Di–Do 10–12.15 und 14–19, Fr/Sa 10–19 Uhr

KERAMIK
Poteries d'Alsace   D 4
Das schmale Ladengeschäft gibt es schon seit 1860. Die Auswahl an handbemalter Keramik aus den elsässischen Töpferdörfern Betschdorf und Soufflenheim schließt traditionelle und moderne Dekors ein. Zwischen Schalen, Krügen und Bechern, Kugelhopf- und Auflaufformen für den Baeckeoffe finden sich geschmackvolle Mitbringsel.
Münster | 3, rue des Frères | Tram: Grand'Rue | www.poterie-alsace-strasbourg.eu

LEBENSMITTEL
Artzner   C 3
Das Haus Artzner war einer der ersten Hersteller von Gänseleberpastete in der Stadt. Rechts und links flankieren heute Designerboutiquen die Auslage, die zu jeder Jahreszeit mit Delikatessen lockt. In Schiltigheim befinden sich die Produktionsstätten des größten elsässischen Herstellers von Gänsestopfleberpastete.

Broglie | 7, rue de la Mésange | Tram: Broglie | Tel. 03 88 32 05 00 | www.edouard-artzner.com | Mo 14–19, Di–Fr 9–19, Sa 8.30–18 Uhr

Au doux pays de France   D 4
Erstaunlich, wie viel Pracht aus Schokolade und süßem Teig auf so wenig Raum Platz hat. Die kleine Confiserie scheint sich über Jahrzehnte so gut wie nicht verändert zu haben. Die Fertigung findet vor Ort von Hand statt.
Münster | 5, rue du Dôme | Tram: Broglie | Tel. 03 88 32 74 84 | http://audouxpaysdefrance.chez-alice.fr/

Les Mains dans la farine   C 4
Hier steckt der Bäcker noch selbst die Hände ins Mehl, will heißen: Brot und Kuchen sind nach traditionellen Methoden handgemacht. Heraus kommen duftendes Baguette und Landbrot mit knuspriger Kruste. Zu empfehlen ist auch der Mittagsimbiss auf die Hand.
Petite France | 16, rue du 22 novembre | Tram: Alt Winmärik

Maison Cyril Lorho   D 4
Cyril Lorhos winziges Käsegeschäft im Carré d'Or ist ein Mekka für Käseliebhaber. Bei rund 250 Käsesorten hat man die Qual der Wahl: Ob Munster oder Beaufort, sie alle haben hier die optimale Reife.
Der Inhaber ist gelernter Käseaffineur und gilt als Koryphäe: 2007 wurde er zum besten »Maître fromager« Frankreichs gekürt. Lorhos Käsedepot lagert sicher in Moyenmoutier in den Vogesen.
Münster | 3, rue des Orfèvres | Tram: Grand'Rue | www.maison-lorho.fr | Mo 15–19, Di–Do 9–19, Fr 8.30–19, Sa 8–19 Uhr

Porcus ■ C 4

Noch eine Adresse für Liebhaber elsässischer (Wurst-)Spezialitäten. Das Geschäft mit Restaurant im ersten Stock liegt versteckt hinter der Place Kléber.
Kléber | 6, pl. du Temple Neuf | Tram: Broglie | Tel. 03 88 23 19 38 | www.porcus.fr | Mo 15–19.30, Di–Sa 8.30–19.30 Uhr, Restaurant 11.45–14.30 Uhr (€)

MODE

Cléone ■ D 4

Extravagante Roben, Cocktail- und Brautkleider: Die Entwürfe dieser Designerin sind ein Hingucker – auch, wenn gerade kein Fest ins Haus steht.
Münster | 22, rue des Hallebardes | Tram: Grand'Rue | Tel. 03 88 75 69 16 | www.cleone.fr

SCHMUCK

Lalique ■ D 4

Jugendstilvasen, Kristallskulpturen und erlesener Schmuck stammen aus der weltberühmten Kristallmanufaktur Lalique in Wingen-sur-Moder im Nordelsass. Dort begründete Eugène Lalique in den 1920er-Jahren eine Tradition, die bis heute fortgeführt wird.
Münster | 25, rue du Dôme | Tram: Broglie | Tel. 03 88 75 55 52 | www.lalique.com | Mo 14–18, Di–Sa 10–12.15, 13.45–18.45 Uhr

TEXTILIEN

Arts et Collections d'Alsace ■ D 4

Kelsch und Leinenstoffe mit blauen und roten Karos, gravierte Gläser und Karaffen: Die Produktpalette stammt aus elsässischer oder französischer Produktion. Hier gibt es Stoffe aus der Werkstatt des letzten elsässischen Kelsch-Webers Michel Gander.
Münster | Pl. du Vieux Marché aux Poissons | Tram: Grand'Rue, Bus: Corbeau | Tel. 03 88 14 03 77 | www.arts-collections-alsace.com | www.tissage-gander.fr

Weitere Geschäfte und Märkte finden Sie im Kapitel **STRASSBURG ERKUNDEN**.

Dreimal wöchentlich wird auf der Place Gutenberg geblättert, geschmökert und die Lesebrille gezückt, denn dann verwandelt sich der Platz in einen Freiluftbuchladen.

KULTUR UND UNTERHALTUNG

Ballett mit Klasse, europäisches Theater, Tanz unserer Zeit,
elsässisches Kabarett und avantgardistischer Jazz: Straßburg bietet
Vielfalt für Nachtschwärmer, Klassikliebhaber, Kinofans und
überhaupt alle, die neugierig auf andere Kulturen sind.

Die Straßburger Kulturszene kann sich auf ein kunstinteressiertes Theater- und Musikpublikum verlassen. Die ersten, öffentlich finanzierten Adressen der Stadt – das Nationaltheater, Oper und Ballett sowie das Philharmonische Orchester – stehen für hohes Niveau und strahlen weit über die Stadt hinaus. In Straßburg misst man sich als eine der europäischen Hauptstädte gerne am Kulturangebot anderer Großstädte. Gewiss ist Straßburg weder Paris noch Berlin. Doch Straßburger Intendanten und Orchesterleiter setzen eigene Maßstäbe und verstehen sich als Mittler über deutsch-französische und europäische Grenzen hinweg. Bewiesen haben das Persönlichkeiten des französischen Kulturbetriebs wie der Regisseur und frühere Intendant des Straßburger TNS Stéphane Braunschweig, der inzwischen an ein Pariser Theater berufen wurde. In seiner Straßburger Zeit holte er nicht nur herausragende Inszenierungen inter-

◀ Freitreppe zur fürstlichen Vorhalle der
Opéra National du Rhin (▶ S. 40).

nationaler und deutscher Bühnen ins Elsass. Braunschweig arbeitete auch intensiv auf eine Öffnung zum deutschsprachigen Publikum hin.

Im Straßburger Konzertbetrieb ist das Orchestre Philharmonique de Strasbourg der Hauptakteur. Wer Freude an Kammermusik hat, sollte sich über die aktuellen Programme in den Straßburger Kirchen informieren. Für zeitgenössische Musikkultur stehen nicht zuletzt die Percussions de Strasbourg, ein Ensemble für neue, auf Schlaginstrumenten gespielte Musik, das aus den Straßburger Philharmonikern hervorging.

ELSÄSSISCHE DIALEKTKULTUR IN DER CHOUCROUTERIE

Die Rock- und Popszene nimmt sich daneben nicht minder vielfältig aus. Großkonzerte spielen sich in der Konzerthalle Zénith ab. Um die internationale Rock- und Independent-Szene kümmert sich mit großem Engagement das junge Kulturzentrum La Laiterie.

Wer die regionale Dialektkultur kennenlernen möchte, ist im Kabaretttheater Choucrouterie und im Théâtre Alsacien, das in der Rheinoper spielt, gut aufgehoben. Bars und Musikclubs konzentrieren sich um das Münster und das studentisch geprägte Viertel Krutenau. Ausgewählte Adressen nennen wir in den betreffenden Kapiteln.

Der zentrale Kartenverkauf befindet sich in der Boutique Culture, 10, place de la Cathédrale, Di bis Sa 12–19 Uhr, Tel. 03 88 23 84 65.

BESONDERE EMPFEHLUNGEN
KINO
Cinéma Star/Star Saint-Exupéry

🐟 C3/C4

Aus dem breiten Angebot der Straßburger Filmtheater sei im Besonderen auf zwei verwiesen. Die beiden Kinos Star und Star Saint-Exupéry zeichnen sich durch ein internationales Programm aus. Ausländische Filme sind meist in Originalversion zu sehen. Petite France | Star: 27, rue du Jeu des Enfants | Star Saint-Ex.: 18, rue du 22 Novembre | www.cinema-star.com

KONZERTE UND OPER
Cité de la Musique et de la Danse

🐟 D5

Seit dem Umzug in die futuristischen Neubau an der Presqu'île Malraux vor wenigen Jahren verfügt das Musikkonservatorium über einen zusätzlichen, modernen Konzertsaal. Studierende treten hier ebenso auf wie Kammermusikensembles des Philharmonischen Orchesters. Eintritt teilweise frei. Neudorf | 1, pl. Dauphine | Tram: Étoile Bourse | www.conservatoire.strasbourg.eu

Opéra National du Rhin ◢◣ D 3

1972 haben Straßburg, Mülhausen und Colmar ein gemeinsames Opern- und Ballett-Ensemble gebildet. Die Aufführungen werden vom Philharmonischen Orchester Straßburg und vom Symphonischen Orchester Mulhouse begleitet.

Broglie | 19, pl. Broglie | Tram: Broglie | Tel. 03 88 75 48 23 | Kartenvorverkauf Mo–Fr 12.30–18.30 Uhr | www.operanationaldurhin.eu

Palais de la Musique et des Congrès ◢◣ E 2

Straßburgs großes Konzerthaus. Das Musik- und Kongresszentrum ist neben der Oper die wichtigste Adresse für Liebhaber klassischer Musik. Hier spielt das renommierte Philharmonische Orchester der Stadt, mitunter stehen aber auch größere Popkonzerte auf dem Programm.

Derzeit wird umgebaut und erweitert, der Betrieb läuft weiter. Karten sind an der Konzertkasse oder in der Boutique culture erhältlich.

Europäisches Viertel | Pl. de Bordeaux | Tram: Wacken | Tel. 03 69 06 37 06 | Kartenvorverkauf Mo–Fr 10–18 Uhr | www.philharmonique-strasbourg.com

ROCK, POP UND JAZZ

La Laiterie ◢◣ A 5

Wer sich für Rock- und Independent-Musik interessiert, ist hier an der richtigen Adresse. Das Kulturzentrum war früher eine Molkerei. Die Macher der Laiterie verantworten auch das sehenswerte Festival Artefact.

Bahnhof | 13, rue Hohwald | Tram: Laiterie | Tel. 03 88 23 72 37 | www.artefact.org

Le Cheval Blanc ◢◣ westl. A 4

Experimentierbühne für Theater, Tanz, Kabarett, Chanson, Folk, Weltmusik und Jazz. In der traditionell eingerichteten Bierstube nebenan kann man zu kleinen Gerichten die Produkte der Schiltigheimer Brauereien probieren.

Schiltigheim | 25, rue Principale | Bus: Cheval Blanc oder Tram: Futura | Tel. 03 88 83 84 85 | www.ville-schiltigheim.fr/salle-du-cheval-blanc

Zénith ◢◣ westl. A 1

In Frankreichs größter Konzerthalle (bis zu 12 000 Zuschauer) finden internationale Stars der Pop- und Rockszene ihre Bühne. Die Architektur erinnert an einen gigantischen roten Lampion. Sie wurde vom Italiener Massimiliano Fuksas entworfen.

Eckbolsheim | 1, allée du Zénith | Tram: Hautepierre Maillon | Tel. 03 88 10 50 50 | www.zenith-strasbourg.fr

THEATER UND TANZ

Le Maillon ◢◣ nördl. F 1

Maillon-Chef Bernard Fleury holt internationale Theatergruppen, Tanztheater und Artistik nach Straßburg. Wer Glück hat, kann das Gastspiel einer großen deutschen Bühne erleben. Zahlreiche Aufführungen werden in deutscher Sprache übertitelt.

Europäisches Viertel | 7, pl. Adrien Zeller | Tram: Wacken | Tel. 03 88 27 61 81 | Reservierung Di–Fr 14–20 Uhr | www.maillon.eu

Pôle Sud ◢◣ südl. D 6

Straßburgs Pôle Sud (Südpol) steht für hochklassigen zeitgenössischen Tanz und Tanztheater sowie Jazz auf höchstem Niveau.

Meinau | 1, rue de Bourgogne | Tram: Emile Mathis | Tel. 03 88 39 23 40 | www.pole-sud.fr

Théâtre Alsacien ⚓ D 3

Im Elsässischen Theater Straßburg wird man als deutschsprachiger Besucher weniger Verständnisschwierigkeiten haben als mancher Franzose aus dem »inneren Frankreich«, wie die Elsässer gerne sagen. Schauspieler und Regisseure beweisen im Übrigen: Dialekt kann mehr als nur Komödie.

Broglie | 19, pl. Broglie | Tram: Broglie | Reservierung Tel. 06 33 26 03 00 | www.theatre-alsacien-strasbourg.fr

Théâtre de la Choucrouterie ⚓ C 5

Roger Siffers Kabarett-Theater ist eine Institution der regionalen Kulturszene. Programmhöhepunkt ist in jedem Jahr eine satirische Revue, in der die elsässische Politik durch den Kakao gezogen wird. Aufgeführt wird sie parallel in französischer und elsässischer Fassung.

Finkwiller | 20, rue Saint-Louis | Bus: St-Thomas | Tel. 03 88 36 07 28 | www.theatredelachouc.com

Théâtre Jeune Public (TJP) ⚓ E 4/C 4

Ein Jugend- und Kindertheater wie das TJP stellt auch im kulturell vielfältigen Frankreich die Ausnahme dar. Seine Vorstellungen richten sich an Kinder aller Altersgruppen, Familien und jung gebliebene Erwachsene. Es werden Eigenproduktionen sowie Stücke internationaler Ensembles aufgeführt.

Großer Saal: 7, rue des Balayeurs, Krutenau | Tram: Université | Kleiner Saal: 1, rue du Pont Saint-Martin, Petite France | Tram: Grand'Rue | Tel. 03 88 35 70 10 | www.tjp-strasbourg.com

Wollen Sie's wagen?

Sprechen Sie selbst einen deutschen Dialekt oder sind Sie einfach neugierig darauf, wie die Straßburger ihr Alemannisch virtuos mit französischen Versatzstücken versehen? Dann besuchen Sie einen Einsteigerkurs im elsässischen Kulturzentrum, dem Centre cultrel alsacien.

Neustadt | 5, bd. de la Victoire | Tram: Université | Tel. 03 88 36 48 30 | www.centre-culturel-alsacien.eu

Théâtre National de Strasbourg (TNS) ⚓ E 3

Das Straßburger Nationaltheater ist das einzige Staatstheater Frankreichs, das sich außerhalb der Stadtgrenzen der Hauptstadt Paris befindet. Es verfügt über ein eigenes festes Ensemble. Zum gebotenen Repertoire gehören zeitlose Klassiker ebenso wie die Werke zeitgenössischer Autoren.

Unter dem Dach des TNS befindet sich auch eine der angesehensten französischen Theaterschulen. Tipp: Einige der Aufführungen des TNS werden mit deutschen Übertiteln dargeboten. Das TNS bespielt neben den Sälen im Haupthaus außerdem noch zwei Räume in der Rue Jacques Kablé (Espace Klaus Michael Grüber).

Neustadt | 1, av. de la Marseillaise | Tram: République | Reservierung Tel. 03 88 24 88 24 oder an der Kasse | Mo 14–18, Di–Sa 10–18 Uhr | www.tns.fr

Weitere empfehlenswerte Adressen finden Sie im Kapitel STRASSBURG ERKUNDEN.

FESTE FEIERN

Von Jazzdor bis zu Strasbourg Nouvelles Danse und dem vorweihnachtlichen »Christkindelsmärik« – Straßburg legt Wert auf Traditionen. Darstellende Kunst, Musik und auch Kulinarisches zählen dazu und werden alljährlich zelebriert.

Festivals und Volksfeste sind die i-Tüpfelchen in dem vielseitigen Kultur- und Kunstangebot einer Großstadt wie Straßburg. Man pflegt mit ihnen Traditionen, setzt je nach Jahreszeit Akzente oder schafft den nötigen Raum für Experimente jenseits der Kompromisse, die Programmmacher oftmals eingehen müssen.

Zum Beispiel Musica. Bei seiner Gründung im Jahr 1983 durch den damaligen französischen Kulturminister, betrat das Festival Neuland in dem Bestreben zeitgenössische Musik, Komponisten und Künstler zu fördern und ihnen ein Forum zu geben. Heute ist Musica fester Bestandteil des kulturellen Lebens der Stadt. Außerhalb des Festivals erhält die »Musik von heute«, wie man in Frankreich das zeitgenössische kompositorische Schaffen nennt, weder dieselbe Aufmerksamkeit noch annähernd so viel Raum, sich darzustellen.

◀ Der Christkindlsmärik (▶ S. 45) bietet
auch regionalen Handwerkern ein Forum.

Das gilt auch für das Festival Jazzdor oder das Festival Nouvelle Strasbourg Danse / Performance. Eine breite Angebotsvielfalt verspricht auch die Messe der unabhängigen Winzer. Sie ist längst kein Geheimtipp mehr und zieht jedes Jahr ein treues Publikum an. Regelmäßige Besucher erkennen sich an der Karre, mit der sie ihre Weinkartons transportieren.

HIGHLIGHT HISTORISCHER WEIHNACHTSMARKT

Um kulinarische Genüsse geht es auch bei den Straßburger Weihnachtsmärkten: Gebäck und Glühwein. Straßburg vermarktet sich seit über einem Jahrzehnt erfolgreich als Weihnachtshauptstadt. Noch vor dem ersten Advent wird in der Innenstadt alles aufgeboten, was an Lichterzauber denkbar ist – inzwischen auch mit Bemühungen, den Stromverbrauch zu reduzieren. Spektakulär sind nicht nur die Fassadendekorationen und der große Weihnachtsbaum. Die Zahl der Märkte ist auf zehn angewachsen. Besonders zu empfehlen sind die beiden auf den Plätzen des Petite France. Hier gibt es Spezialitäten elsässischer Erzeuger und viel Kunsthandwerk.

FEBRUAR

Salon des Vignerons indépendants (Weinmesse)

Eine gute Adresse für Weinliebhaber: Über 500 unabhängige Winzerbetriebe aus ganz Frankreich bieten ihre Produkte zur Verkostung an. Veranstalter ist der Verband unabhängiger Winzer (»Vignerons Indépendants de France«). 2. oder 3. Februarwochenende
www.vigneron-independant.com

FEBRUAR/MÄRZ

Fasnacht im Elsass

Parallel zur Fastnacht entlang der deutschen Rheinseite behauptet sich im Elsass eine weniger ausgeprägte, aber nicht minder fröhliche Feierkultur zur fünften Jahreszeit. In Straßburg wird das Treiben von einem Verein, der

Grande Cavalcade, organisiert. Mit Fanfarengruppen, Guggemusik und einer Prise politischer Satire.

MAI

Festival Nouvelle Danse

Internationales Festival für zeitgenössischen Tanz, Tanztheater und Performances. Knapp eine Woche lang verlagert der Organisator Pôle Sud sein Wirken an verschiedene, auch ungewöhnliche Orte der Stadt. Mitte/Ende Mai
Meinau, 1, rue de Bourgogne |
www.pole-sud.fr

Tag der offenen Tür im Europäischen Parlament

Alljährlich öffnet das Europäische Parlament seine Türen für die Bürger. Der

Termin liegt stets nahe dem Europatag am 9. Mai. Besucher können den großen Plenarsaal besichtigen, dazu gibt es ein buntes Programm.

Anfang Mai
Europa-Viertel | www.europarl.eu

JUNI
Festival Premières

Für dieses Theaterfestival werden junge, aufstrebende Regisseure aus ganz Europa ausgewählt und nach Straßburg eingeladen. Gespielt wird in der Originalsprache – für ein ambitioniertes Babylon der Stimmen und Stile.

Anfang/Mitte Juni
www.maillon.eu

JULI
Nationalfeiertag

Zunächst lockt eine Militärparade Schaulustige an die Place de la République. Ab dem frühen Abend wird beim traditionellen Bal populaire auf der Place de la Bourse in den Abend hinein getanzt, bis ein Feuerwerk ab 22.30 Uhr den Himmel über der Place de l'Étoile in allen Farben aufleuchten lässt.

14. Juli
Place de la République/Place de la Bourse | www.strasbourg.eu

Grande Braderie

Sobald sich die in Frankreich noch üblichen Schlussverkaufswochen ihrem Ende nähern, räumen die Geschäfte ihre Lager leer. Auch aus anderen Ecken Frankreichs gesellen sich dann Händler dazu. Die Innenstadt ist an diesen Tagen brechend voll, es gibt Wühltische und kauflustige Menschen so weit das Auge reicht.

Letzter Samstag im Juli

JULI/AUGUST
Münsterbeleuchtung

Eine jährlich wechselnde Lichtregie setzt das gotische Münster und andere sehenswerte Bereiche der Altstadt eindrucksvoll in Szene. Es gibt unterschiedliche Anfangszeiten im Juli und August. Das Licht- und Wasserspektakel an der Presqu'île Malraux ist ebenfalls einen Besuch wert.

Juli/August
Münster, Cité de la Musique, Rivétoile | Tram: Winston Churchill | www.ete. strasbourg.eu (nur in der Saison freigeschaltet)

AUGUST/SEPTEMBER
Voix et Route Romane

Dieses Festival hat sich der alten Musik verschrieben. Es findet in Kirchen entlang der romanischen Straße im Elsass statt. In Straßburg gehört die protestantische Kirche Saint-Pierre-le-Jeune zu den festen Spielstätten.

Ende August bis Mitte September
Vorverkauf Tel. 03 90 41 02 02 | www.voix-romane.com

SEPTEMBER/OKTOBER
Musica

Musica ist Frankreichs wichtigstes Festival für neue Musik. Konzerte finden in den einschlägigen Sälen der Stadt, in Kirchen und auch schon mal in einer Fabrikhalle statt. Jedes Jahr widmet sich das Festival mit einem Schwerpunkt einem bestimmten Musiker oder Komponisten. Es gibt zahlreiche Uraufführungen, auch von Auftragsarbeiten für das Festival.

Ende September bis Mitte Oktober
Tel. 03 88 23 47 23 | www.festivalmusica. org

NOVEMBER

Jazzdor Strasbourg–Berlin

Das Jazzdor Festival Strasbourg gibt es seit fast drei Jahrzehnten. Mit Jazzdor Strasbourg–Berlin organisierte Festivalleiter Philippe Ochem 2014 bereits zum achten Mal einen Ableger für die kalte Jahreszeit. Konzertveranstaltungen gibt es dann in Berlin und Straßburg. Ochem holte schon Jazz-Größen wie Michel Portal und Heinz Sauer in die Stadt – Jazzdor gilt auch als Ort der Entdeckungen.

Anfang bis Mitte November
www.jazzdor-strasbourg-berlin.eu |
www.jazzdor.com | Tel. 03 88 36 30 48

Kunstmesse St'art

Straßburgs Messe für zeitgenössische Kunst St'art ist mit etwa 80 bis 100 Galerien nach Paris die zweitgrößte Messe ihrer Art in Frankreich. Präsentiert wird ein Querschnitt der Kunstentwicklung ab der Moderne. Die Preise bewegen sich im Vergleich zu anderen Kunstmessen auf erschwinglichem Niveau. Glaskunst und Länderschwerpunkte gehören zu den Konstanten.

Mitte bis Ende November
Messegelände Wacken | Tram: Wacken | Tel. 03 88 37 21 46 | www.st-art.fr

DEZEMBER

Historischer Weihnachtsmarkt

1570 wurde der **Christkindelsmärik** zum ersten Mal urkundlich erwähnt. Seine Tradition reicht bis ins Mittelalter. Mancher hält ihn für den schönsten in Europa. Fest steht: Er hat den Dezember zum besucherstärksten Monat des Jahres gemacht. Seit einigen Jahren bereichert das Festival Noëlies mit Krippen-Ausstellungen und Konzerten die letzten Wochen des Jahres.

kurz vor dem 1. Advent bis Jahresende
www.strasbourg.eu, www.noelies.com

Straßburgs Fastnachthexen (▶ S. 43) entstammen alemannischer Tradition. Erst Anfang des 20. Jh. kehrten die schaurigen Bräuche aus Mittelalter und früher Neuzeit zurück.

MIT ALLEN SINNEN
Straßburg spüren & erleben

*Reisen – das bedeutet aufregende Gerüche und neue
Geschmackserlebnisse, intensive Farben, unbekannte Klänge
und unerwartete Einsichten; denn unterwegs ist Ihr Geist
auf besondere Art und Weise geschärft. Also, lassen Sie sich
mit unseren Empfehlungen auf das Leben vor Ort ein,
fordern Sie Ihre Sinne heraus und erleben Sie Inspiration.
Es wird Ihnen unter die Haut gehen!*

◀ Den Weinkeller unter dem Straßburger Hospiz (▶ S. 47) gibt es seit 500 Jahren.

SEHENSWERTES

Cave Historique des Hospices de Strasbourg ⚑ C 5

In früheren Jahrhunderten galt Wein als Medizin. Folgerichtig besaß das Straßburger Hospiz, das seit Jahrhunderten eigene Weinberge besitzt, auch einen Weinkeller. Der ist bis heute erhalten und zu besichtigen. Die ältesten Teile des auf mächtigen Säulen ruhenden Gewölbekellers stammen aus dem Jahr 1395. Die Hauptattraktion einer jeden Führung mit Philippe Junger ist der angeblich älteste Wein der Welt aus dem Jahr 1472. Aber auch die verschiedenen Anekdoten zu den mehr als 60 ausgestellten alten Weinfässern sind spannend zu verfolgen.

Finkwiller | 1, pl. de l'Hôpital | Tram: Porte de l'Hôpital | Tel. 03 88 11 64 50 | www.vins-des-hospices-de-strasbourg. fr | Mo–Fr 8.30–12 und 13.30–17.30, Sa 9–12.30 Uhr | Führungen nach Anmeldung auch in deutscher Sprache

Bei den Steinmetzen in der Münsterbauhütte ⚑ D 4

Seit mehr als 800 Jahren meißeln die Steinmetze und planen die Baumeister an Straßburgs berühmtestem Bauwerk. Ihr Arbeits- und Versammlungsplatz, die Münsterbauhütte, wird erstmals zwischen 1224 und 1228 erwähnt. Ende des 13. Jh. galt die Straßburger Bauhütte als die fortschrittlichste Werkstätte der gotischen Baukunst. Ihren Sitz hat sie heute in einer Gasse unweit des Münsterplatzes. Dort kann man den Handwerkern bei ihrer Arbeit zusehen, wie sie mit Hammer und Meißel jene Werkstücke vollenden, die später beschädigte Elemente an der Fassade ersetzen, damit die Originalskulpturen anschließend im Museum weitere Jahrhunderte überdauern. Abgesehen von der Vorplanung, die am Computer stattfindet, hat sich an ihrer Arbeitsweise über die Jahrhunderte hinweg so gut wie nichts verändert.

🕐 Eine Führung in der Münsterhütte bietet sich zwischen Oktober und April an, weil die Steinmetze im Sommerhalbjahr auf den verschiedenen Baustellen beschäftigt sind.

Münster | Ateliers de la Cathédrale – Fondation de l'Œuvre Notre-Dame | 6, rue des Cordiers | Tram: Grand'Rue | Tel. 03 88 43 60 32 | www.oeuvre-notre-dame.org | Führungen Di und Do nach Voranmeldung

EINKAUFEN

Marché des producteurs: Alles was das Gourmet-Herz begehrt ⚑ D 4

Der Markt ist mit vielleicht zwei Dutzend Ständen nicht übermäßig groß. Qualität und Auswahl sind dafür bemerkenswert. Käse und Pasteten, Forellen und frische Sahne, Morcheln und Löwenzahnsalat – und alles direkt vom Erzeuger. Wer für ein delikates

Sonntagsessen oder ein Picknick einkaufen will, auch Brot und Blumen, findet auf der Place du Marché aux Poissons, gegenüber der Bootsanlegestelle, samstagmorgens seine köstlichen Zutaten. Französische Märkte sind fast immer ein besonderes Erlebnis. Dieser hier überzeugt, weil er Überschaubarkeit und Vielfalt aufs Schönste vereint.

Münster | Pl. du Marché aux Poissons | Bus: Corbeau | Sa 7–13 Uhr

Mireille Oster Pain d'épices 🔖 D 4

Engelsbrot lautet der verlockende Name, den Mireille Oster einer ihrer Lebkuchenspezialitäten gegeben hat. Wer jetzt bedauert, dass gerade nicht Weihnachten vor der Tür steht, dem sei gesagt: Madame Oster backt pains d'épices zu jeder Jahreszeit. Bricht die Weihnachtszeit an, dreht sie so richtig auf. Dann versorgt sie noch zwei Stände auf dem Straßburger Weihnachtsmarkt und verschickt Lebkuchen auf Bestellung in alle Welt. Schließlich kommen auch die Gewürze von sehr weit her.

Petite France | 14, rue des Dentelles | Tram: Grand'Rue | www.mireille-oster. com | Di–Sa 9–19 Uhr

Pâtisserie Christian Meyer 🔖 C 4

Macht Schaufenstergucken eigentlich satt? Wenn es denn so wäre, die Pâtisserie von Christian Meyer wäre dafür der richtige Ort. Hinter der Scheibe lagern filigrane Kuchenstücke, wohlgeformte Trüffel, Maccarons und zartes Kleingebäck. Wie es wohl duftet, wenn man an einem der Tische im Salon de thé Platz genommen hat? Probieren Sie es aus!

Münster | 10, rue Mercière / 12, rue de l'Outre | Tram: Grand'Rue | www. christian.fr | Mo–Sa 7.30–18.30 Uhr

KOCHKURS

Cuisine Aptitude 🔖 D 4

Erst auf den zweiten Blick erkennt man: Hinter den blanken Kochutensilien tut sich etwas, in der Tiefe des Verkaufsraums wird gekocht. Ob Festtagsmenü, raffinierte Fischküche oder schnelle Mittagsgerichte – die Kochschule Cuisine Aptitude hat die unterschiedlichs-

ten Kurse zu verschiedenen Tageszeiten im Angebot. Mal eben in der Mittagspause oder in Ruhe am Abend, gegessen wird anschließend gemeinsam. Einige Küchenchefs, die hier unterrichten, sprechen Deutsch. Für Gruppen heuert Cuisine Aptitude bei Bedarf ohnehin einen deutschsprachigen Koch an.

Krutenau | 2, quai des Bateliers | Tram: Porte de l'Hôpital | Tel. 03 88 36 11 72 | www.cuisineaptitude.com

KULTUR UND UNTERHALTUNG

Cinéma Odyssée – Kino für Liebhaber 🔖 C 4

2014 feierte das Odyssée, Straßburgs ältestes Filmtheater, seinen 100. Geburtstag und ist damit auch eines der ältesten Kinos in ganz Europa, das noch betrieben wird. Wer sich in einen der nostalgischen, roten Plüschsessel niederlässt, freut sich auf gleichermaßen gute wie ungewöhnliche und anspruchsvolle Filme, am besten in der Originalsprache. Auf dem Programm stehen Retrospektiven, Länder- und Themenschwerpunkte sowie Premieren mit Regisseuren.

Kléber | 3, rue des Francs Bourgeois | Tram: Grand'Rue | Tel. 03 88 75 10 47 | www.cinemaodyssee.com

RELAXEN

Bains Municipaux – ein Bad für die Seele   E 4

Dieses Bad hat nichts mit den Wellness-Tempeln der Gegenwart gemein. Die städtische Badeanstalt aus der Zeit der Jahrhundertwende, zwischen den Jahren 1905 und 1908 von Fritz Beblo erbaut, wirkt so aus der Zeit gefallen, dass sie im Sommer 2013 als Kulisse für eine Fernsehserie über Menschen im Ersten Weltkrieg gedient hat. Viel musste dazu nicht verändert werden. Die Einzelwannen, in denen nur die Angestellten Wasser einlassen durften – wie damals. Die Götterfiguren in der Eingangshalle: Neobarock und Art Nouveau vermählen sich. Zwei große Schwimmbecken laden wie zu Kaisers Zeiten zu körperlicher Ertüchtigung ein. Kupferne Wasserhähne und Geländer an den Einstiegstreppen, Marmor und dunkle Holzvertäfelungen in den Ruheräumen sind aus dem 19. Jh. original erhalten. Im römischen Bad, in der Sauna, bei verschiedenen Luftfeuchtigkeiten atmen wir einige Male tief durch. Der Körper genießt warmes und duldet kaltes Wasser. Am Ende liegen wir selbstvergessen da, in weiße Laken gehüllt.

Neustadt | 10, bd. de la Victoire | Tram und Bus: Gallia | Tel. 03 88 25 17 58 | www.strasbourg.eu/vie-quotidienne/sport/piscines

Das heute denkmalgeschützte Jugendstilbad (▶ S. 49) wurde von Fritz Beblo als für die Allgemeinheit zugängliche Badeanstalt geplant. Für Besucher scheint hier die Zeit still zu stehen.

STRASSBURG ERKUNDEN

Ein Blick vom Münster (▶ MERIAN TopTen, S. 56) zeigt historische Dächer und Gassen.

EINHEIMISCHE EMPFEHLEN

*Die schönsten Seiten Straßburgs kennen am besten diejenigen,
die diese Stadt seit Langem oder schon immer ihr Zuhause nennen.
Zwei dieser Bewohner lassen wir hier zu Wort kommen – Menschen,
die eines gemeinsam haben: die Liebe zu ihrer Stadt.*

Catherine Piettre, 40

Mich zieht es besonders an die Quais entlang der Ill mit den zu Bars und Cafés umgebauten Kähnen. Dort fühle ich mich immer ein bisschen wie auf einer Insel. Das **Péniche Bacchus** (▶ S. 29) lohnt sich besonders, wie ich finde.
Wenn ich mit Freunden gut essen und einen schönen Abend in der Stadt verbringen möchte, gehen wir in das Restaurant **La Table de Christophe** (▶ S. 28). Der Koch ist italienischstämmig. Sein Stil entspricht allerdings genau dem, was wir in Frankreich als »bistronomique« bezeichnen würden.

Seine Küche ist schon sehr französisch und anspruchsvoll, aber nicht ganz so abgehoben wie die Sterneküche. Und

Das Ufer der Ill lädt nicht nur Einheimische zu einem Spaziergang ein. Beim Flanieren durch die Stadt trifft man immer wieder auf den Fluss, der das Stadtbild prägt.

damit auch eindeutig verträglicher für das eigene Portemonnaie.

Die **Rue des Juifs** (▶ S. 62) ist meine bevorzugte Einkaufsstraße. Man findet viele kleine Geschäfte, die sich jedes für sich von der Masse abheben. Außerdem tolle Modeboutiquen, Kinderbücher und Spielzeug, Schreibwaren, ein sehr gut sortiertes Musikgeschäft, eine Bäckerei, einen kleinen Lebensmittelladen, Bars und Restaurants. Im Grunde alles, was man so braucht.

Zu meinen Lieblingsbars in der Krutenau gehört **Le Chariot**. Das Publikum ist recht studentisch. Die Stimmung ist immer gut, und es gibt jede Menge aktuelle Tageszeitungen und sogar eine Bibliothek für die Gäste. Und dann kann ich nur die PMG empfehlen, so nennen wir die **Place du Marché Gayot** in der Nähe des Münsters. Vor allem im Sommer ist dort viel los. Die Franzosen denken immer, Straßburg sei ein wenig verschlafen, die Bars und Restaurants dort beweisen aber genau das Gegenteil.

»*Für mich fühlt es sich wie eine Reise in die Ferne im Alltag an, wenn ich den Botanischen Garten besuche.*«

Jean-Marc Loos

Jean-Marc Loos, 44

Für mich fühlt es sich wie eine Reise in die Ferne mitten im Alltag an, wenn ich den **Botanischen Garten** (▶ S. 14) besuche. Ich finde es erstaunlich, wie wenig Leute man dort antrifft. Eine der Bänke ist immer frei, wenn ich dort bin. Dabei liegt der Garten neben dem Univiertel. Er befindet sich mitten in der Stadt und wirkt doch versteckt. Ach, und das Tropenhaus: Das erinnert mich immer an einen Dschungel.

Mein Lieblingsrestaurant ist **Au Renard Prêchant** (▶ S. 64) in der Krutenau. Es wird mittags und abends gut besucht, wobei das Publikum jeweils recht un-

terschiedlich ist. Mittags bleiben die Leute, die in der Nähe arbeiten, nur kurz zum Essen. Abends ist es sehr viel entspannter. Die meisten Gäste kommen aus dem Viertel oder sind Stammgäste. Ich habe den Service ausnahmslos als sehr freundlich erlebt, ganz gleich, wie voll das Restaurant ist. Ich persönlich mag es sehr, weil die Küche genau dem entspricht, wie mein Vater gekocht hat, der früher in Colmar ein Restaurant geführt hat. Deshalb bestelle ich auch immer dasselbe Gericht: Kalbsnieren in Senfsauce. Die sind dort auf den Punkt gegart und zart – wie sie sein sollen. Das Restaurant ist übrigens schon allein um der Kirchenfenster willen einen Besuch wert. Ein Gebäudeteil war tatsächlich einmal eine Kapelle und stammt aus dem 16. Jh.

MÜNSTERVIERTEL UND KRUTENAU

Gäbe es die Souvenirläden und die Straßencafés nicht, auf dem Münsterplatz erhielte ein Besucher den Eindruck: die Zeit steht still. Die Straßburger Kathedrale fasziniert die Menschen seit 1000 Jahren mit ihrer stolzen, aus rotem Sandstein gehauenen Architektur.

Das **Münster** ist das Herz der Stadt – historisch und touristisch. 2015 feiert Straßburg seine Kathedrale und 1000 Jahre, die seit der Grundsteinlegung der romanischen Kirche vergangen sind. Ein starkes Symbol. Wie viele Menschen das Münster durch ihr Leben begleitet hat! Wie viele Ereignisse der Stadtgeschichte und der Weltpolitik und natürlich Kriege es überdauert hat. Neben dem Münster leisteten die Bürger der Stadt ab 1334 am Schwörtag ihren Eid auf die Stadtverfassung. Während der französischen Revolution soll eine riesige Jakobinermütze, die ein Handwerker auf dem 142 m hohen Turm platzierte, das Münster vor Zerstörung bewahrt haben, das den Revolutionären als Gotteshaus ein Dorn im Auge war. 1944 war die Befreiung der Stadt von den Nationalsozialisten erst

◄ Rund ums Münster (► MERIAN TopTen, S. 56) verbreiten Cafés gemütliches Flair.

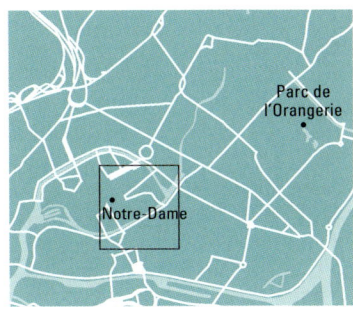

besiegelt, als die Trikolore auf der Spitze gehisst war. Wer sich schlicht an seiner Schönheit, am Figurenreichtum und an der architektonischen Brillanz erfreut, wird dem Bauwerk nicht minder gerecht. Seit dem Jahr 1988 zählt die **Grande île**, das von der Ill eingerahmte Gebiet, zum Weltkulturerbe. Nicht nur das Münster und die vielversprechenden Museen an der **Place du Château** ziehen die Menschen an. Die Altstadtgassen rund um die Kathedrale gehören zu den beliebtesten und zugleich auch am besten bestückten Einkaufsmeilen der Stadt. Ob Kleidung, Schuhe und Lederwaren, Inneneinrichtung, Schmuck, Bücher, Kunst, Antiquitäten und Delikatessen: Die zur Auswahl stehende Vielfalt ist üppig bis luxuriös. Zur **Adventszeit**, wenn sich die selbst ernannte Weihnachtshauptstadt Straßburg herausputzt, trumpft das Viertel mit einer ausgefallenen Dekoration auf.

DIE KRUTENAU: VOM SUMPF ZUM AUSGEHVIERTEL

Südöstlich erstreckt sich außerhalb der Ill die **Krutenau**, ein Quartier, das in früheren Jahrhunderten erst sumpfig, dann von Kanälen durchzogen war. Zu ihnen gehörte der Rheingiessen, ein Kanal zwischen Rhein und Ill, der 1872 zugeschüttet wurde. Für Händler und Marktbeschicker war er eine wichtige Verkehrsader nach Straßburg. Nachdem die Gegend trockengelegt worden war, wurden im 18. Jh. Kasernen angesiedelt. Ab dem 19. Jh. bevölkerten auch Handwerker und Prostituierte die Krutenau – wobei Krut wohl nicht von der elsässischen Aussprache für Kraut kommt, sondern etymologisch aus dem Germanischen stammt und ein Gelände bezeichnete, auf dem keine Bepflanzung möglich war. Aus dem 19. Jh. stammen zwei auffällige Gebäude: Die 2010 stillgelegte **Tabakmanufaktur** und die Kunstgewerbeschule, die **École des Arts Décoratif**, in deren Vorgarten oft Arbeiten der Kunststudenten zu sehen sind. Mit der Entstehung des modernen Universitätscampus' in den 1970er-Jahren wandelte sich auch die daran angrenzende Krutenau: Als Wohngegend ist sie vor allem bei jüngeren Leuten und Studierenden beliebt und sie gilt neben der Altstadt als Straßburgs gefragtestes Ausgehviertel.

SEHENSWERTES

⭐ La Cathédrale Notre-Dame (Münster) 🚩 D 4

Das Münster ist zu Recht weltberühmt. Bewundert werden die Hauptfassade mit den Portalstatuen, der Fensterrose (15 m Durchmesser) und dem 142 m hohen Turm, der bis zum 19. Jh. als höchster Turm der Christenheit galt. Im Inneren können Sie die Astronomische Uhr, den Engelspfeiler, die Kanzel und die Orgel bewundern. 1015 wurde unter Bischof Wernher von Habsburg der Grundstein für die romanische Basilika gelegt. Nach einem Brand begannen 1176 die Arbeiten an einem Neubau auf den alten Fundamenten. Die romanische Krypta und die halbrunde Apsis sind bis heute erhalten. Um 1225 revolutionierten Steinmetze, die zuvor an der gotischen Kathedrale von Chartres mitgewirkt hatten, den Straßburger Skulpturenstil. Es entstanden der Engelspfeiler und die ritterlich vornehmen und mit geschmeidigen Körpern ausgestatteten Figuren der Ecclesia und Synagoge am Querschiffportal des Münsters (bis 1230), deren Originale sich im Musée de l'Œuvre Notre-Dame befinden. Ab 1284 war Erwin von Steinbach als Baumeister für das Münster verantwortlich. Von seinen Nachfolgern sind die Namen Michael von Freiburg (Ende 14. Jh.), Ulrich von Ensingen und Johann Hültz (bis 1439) bekannt. Letzterer leitete den Bau des Westturms bis zu seiner Vollendung.

Seit dem Mittelalter kümmert sich l'Œuvre Notre-Dame, die Münsterbauhütte, um die laufenden Restaurierungsarbeiten, womit sie die älteste Institution des Kathedralbaus in Frankreich ist.

Noch im 13. Jh. sahen die Pläne des Straßburger Münsters eine Zweiturmfassade vor, eine Form, die jedoch in der Spätgotik aufgegeben wurde. Bis heute ist nicht zweifelsfrei geklärt, warum der zweite Turm nie gebaut wurde. Als Grund kommt Geldmangel in Frage – im 15. Jh. hatte die Spendenbereitschaft nachgelassen. Oder man stellte fest, dass die Fundamente das Gewicht nicht hätten tragen können, nachdem der erste Turm höher gebaut worden war als ursprünglich geplant.

Gelitten hat das Bauwerk durch Blitzschlag, Brände und Bomben. 1682, als Straßburg wieder zu Frankreich gehörte, wurde der Lettner, die steinerne Abtrennung von Kirchenraum und geistlichem Kollegium, abgebrochen. Seit der Einführung der Reformation in Straßburg 1524 war das Münster protestantisch gewesen. Doch die größte Gefahr kam mit der Französischen Revolution, als 1793 gottesfeindliche Fanatiker in wenigen Tagen mehr als 200 Skulpturen zerschlugen und sogar den Turm niederreißen wollten. Der clevere Stadtschlosser Sultzer konnte das Unheil mit einem witzigen Einfall abwenden. Er schlug vor, dem Münsterturm eine riesige Jakobinermütze aus Blech überzustülpen, um das Münster damit zu einem Gebäude

Mittelalterlicher Garten

Die Zier- und Heilpflanzen, die im Garten wachsen, schätzte man früher unter anderem um der ätherischen Öle willen. Heute liegt der Garten versteckt. Eine unerwartete Oase (▶ S. 12).

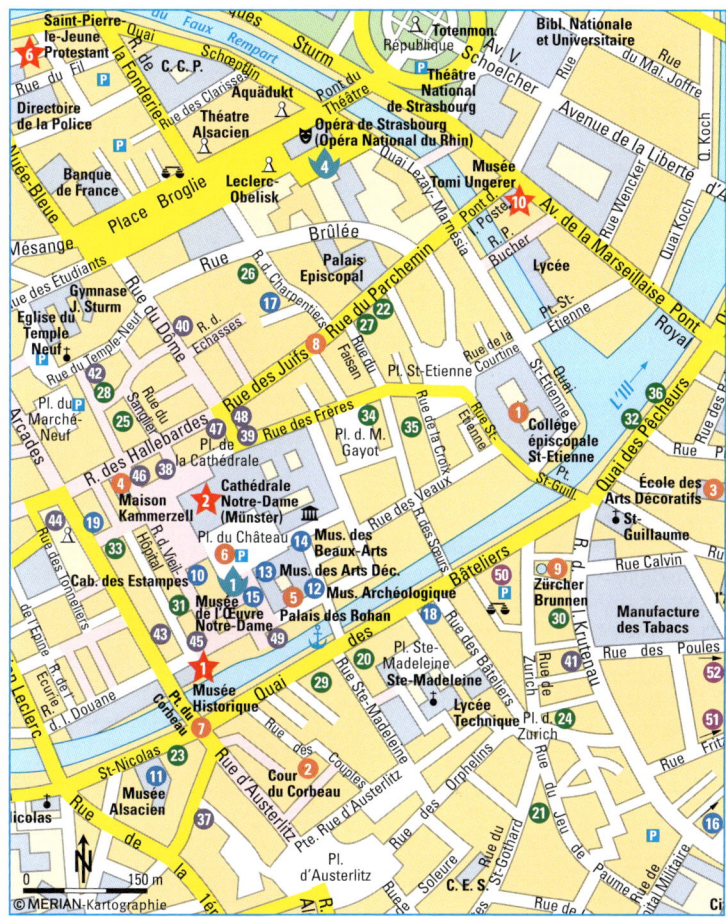

der Vernunft werden zu lassen und so dem Geist der Revolution zu folgen.

Vor 80 Jahren lauerte die Gefahr im Untergrund. Durch die Kanalisation des Rheins im 19. Jh. sank der Grundwasserspiegel, sodass die im feuchten Boden versenkten Eichenpfähle, die das tonnenschwere Fundament stützten, Schimmel ansetzten. 1907 bemerk-

te man Risse in den Spitzbögen unter dem Turm. In einer für die damalige Zeit bemerkenswerten Rettungsaktion spritzte der Architekt Johann Knauth eine Betonfüllung unter die tragenden Pfeiler und stabilisierte sie damit.

Noch immer gibt das Münster Rätsel auf. 1984 beschrieb der Straßburger Ingenieur Maurice Rosart erstmals das

Straßburg, Stadt der Lichter

Straßburg versteht es, seine Schätze effektvoll mit Licht zu inszenieren. Strahler erhellen das Münster und Teile der Altstadt (▶ S. 12).

Phänomen des »grünen Strahls«. Im Frühjahr und im Herbst, wenn Tag und Nacht die gleiche Länge haben, wandert ein mysteriöser grüner Strahl durch ein Glasfenster des südlichen Seitenschiffs bis zum Christuskopf des Kruzifixes an der Kanzel. Gefärbt wird der Strahl durch den grünen Schuh des Jakobsohns Juda, der in dem betreffenden Glasfenster verewigt ist. Das Phänomen ist jeweils sieben Tage lang am Frühlings- und Herbstanfang etwa 20 Min. lang zu beobachten, wenn die Sonne scheint. Im Frühjahr bereits ab 11.38 Uhr, im Herbst ab 12.24 Uhr.

Den unvollendeten Südturm besteigt man über 332 Stufen bis zu einer Plattform, die sich auf 66 m Höhe befindet. Der Abstieg erfolgt über eine andere Treppe. Und die Mühe lohnt sich. Der Blick reicht weit über die Rheinebene, westlich und nördlich bis zu den Vogesen, östlich bis zum Schwarzwald und südlich bis zu Kaiserstuhl und Jura. Der neben der Plattform aufragende, 142 m hohe Nordturm ist für Besucher nicht zugänglich.

Der sogenannten Dreikönigsuhr (1354 bis 1547) des Münsters folgte eine astronomische Uhr (die Horloge Astronomique), deren Gehäuse erhalten ist. Das Uhrwerk blieb allerdings 1788 – nach immerhin 232 Jahren! – stehen. Die stillstehende Uhr weckte früh das Interesse eines zu dieser Zeit 12-jährigen Straßburger Jungen, Jean Baptiste Schwilgué. Er begann, den Bau von Uhrwerken zu studieren und wurde tatsächlich 1832 als beinahe 60-Jähriger damit beauftragt, das Uhrwerk zu erneuern. Der zu dieser Zeit bereits sehr angesehene Uhrmacher konstruierte ein einzigartiges Uhrwerk für seine Heimatstadt. So zeigt die Uhr zum einen die Bahnverläufe von Erde und Mond sowie Merkur und Saturn. In der Silvesternacht setzt sich ein Räderwerk in Bewegung, das die beweglichen Feiertage des Jahres errechnet. Eine weitere Besonderheit ist das extrem langsam laufende Zahnrad. Die Konstruktion folgt der Kreiselbewegung der Erdachse, das Rad dreht sich in 25 800 Jahren genau einmal im Kreis!

Der Engelspfeiler (Pilier des Anges) vor der Uhr wird auch Weltgerichtspfeiler genannt und stützt das Gewölbe des südlichen Querschiffes. Er entstand zwischen 1220 und 1230. Seine Skulpturen gehören zu den Meisterwerken der Bildhauerei des 13. Jh. Thema sind auf drei Etagen das Weltgericht und der Jüngste Tag, oben thront Christus auf dem Richterstuhl.

Die Kanzel aus weißem Sandstein ist ein Prunkstück der spätgotischen Steinmetzkunst und wurde von Johannes Hammer im Jahr 1486 für den freimütigen Prediger Geiler von Kaysersberg (1510) geschaffen.

Die Orgel stammt von Andreas Silbermann (1716), der zusammen mit seinem Bruder Gottfried als bedeutendster Orgelbauer seiner Zeit gilt. Der gebürtige Sachse lebte und arbeitete von 1701 bis zu seinem Tod 1734 in der Stadt Straßburg.

Münster | Tram: Grand'Rue | www.
cathedrale-strasbourg.fr | Öffnungszeiten des Münsters tgl. 7–11.20 und 12.40–
19 Uhr | Besteigung der Plattform April–
Sept. tgl. 9–19.15, Okt.– März 10–17.15 Uhr |
5 €, erm. 2,50 € | Besichtigung der
Astronomischen Uhr 2 €, erm. 1,50 € |
Kinder unter 6 Jahren frei

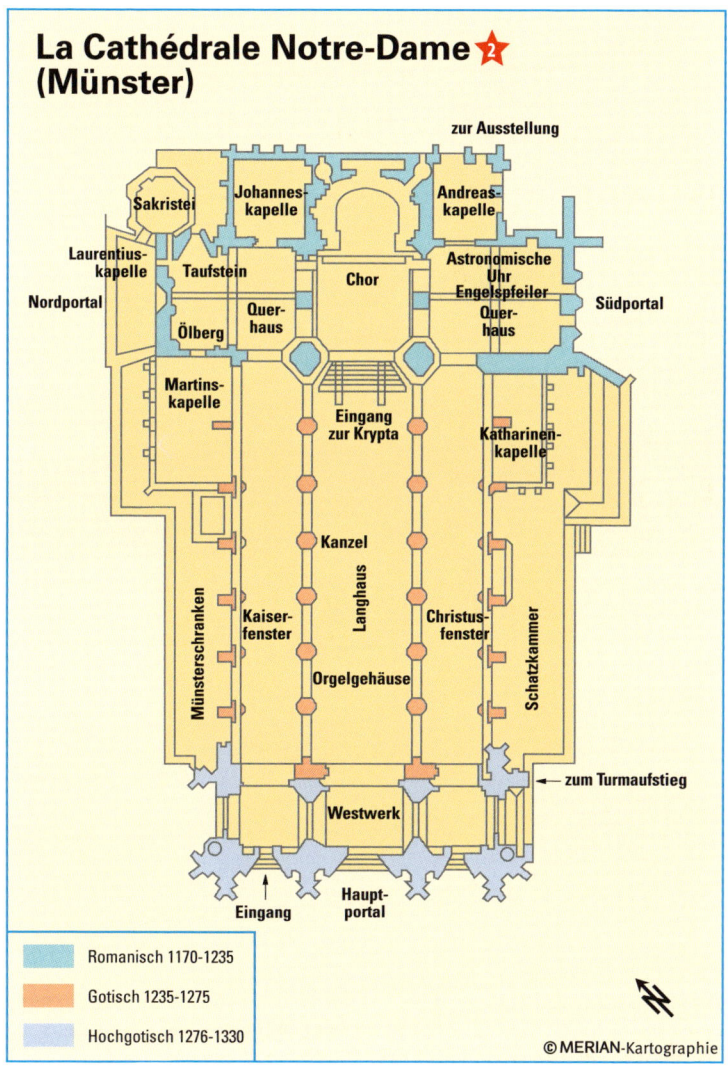

La Cathédrale Notre-Dame ⭐ (Münster)

zur Ausstellung

Sakristei
Johannes-kapelle
Andreas-kapelle
Laurentius-kapelle
Taufstein
Chor
Astronomische Uhr
Engelspfeiler
Nordportal
Quer-haus
Ölberg
Quer-haus
Südportal
Martins-kapelle
Eingang zur Krypta
Katharinen-kapelle
Kanzel
Münsterschranken
Kaiser-fenster
Langhaus
Christus-fenster
Schatzkammer
Orgelgehäuse
zum Turmaufstieg
Westwerk
Eingang
Haupt-portal

Romanisch 1170-1235

Gotisch 1235-1275

Hochgotisch 1276-1330

© MERIAN-Kartographie

Im Münster findet der Besucher nicht nur geistliche Ansprache. Er kann auch ein Meisterwerk der Uhrmacherkunst bestaunen: Die astronomische Uhr (▶ S. 58) stammt aus dem 19. Jh.

❶ Collège épiscopale Saint Étienne ⚑ D 4

Auf dem Gelände des katholischen Collège Saint Étienne wurden die Überreste einer Krypta aus dem 5. Jh. und Grundmauern einer Kirche aus dem 8. Jh. entdeckt, die wohl ältesten Überreste eines Sakralbaus im Elsass.

Münster | 2, rue de la Pierre Large | Tram: Gallia

❷ Cour du Corbeau ⚑ D 4

Der Rabenhof unweit des Pont du Corbeau wirkt von außen unscheinbar; Sie betreten das Gelände durch ein Holz-tor, in das ein aus Eisenstäben geformter Rabe integriert ist. Den Innenhof umrahmen Fachwerkhäuser mit offenen Galerien. 1528–1854 gehörte er zu dem Gasthof Zum Raben. 1740 kam Friedrich der Große inkognito als Graf Dufour hierher und 1777 Joseph II. von Österreich unter dem Decknamen Graf Falkenstein.

Krutenau | 1, pl. du Corbeau | Bus: Corbeau

❸ École des Arts Décoratifs ⚑ E 4

Das Gebäude der Kunstgewerbeschule ist Ende des 19. Jh. entstanden, an ihm fallen die vom Jugendstil beeinflussten Keramikmosaiken ins Auge. Ausgeführt hat sie Leon Elchinger nach Entwürfen Anton Seders, der die Schule 1889 bis 1916 leitete. Sie stellen die Allegorien der Architektur, der Malerei, der Skulptur, der Archäologie und der Geometrie dar. Es lohnt ein Blick in den Innenhof, oft sind dort plastische Arbeiten der Studenten zu sehen.

Krutenau | 1, rue de l'Académie | Bus: Corbeau

❹ Maison Kammerzell D 4

Das ehemalige Kaufmannshaus gilt als das schönste Bürgerhaus der Stadt. Das Erdgeschoss stammt aus dem 15. Jh., der Fachwerkoberbau aus dem Jahr 1589. Benannt wurde es nach seinem Besitzer aus dem 19. Jh. Man kann noch die Winde sehen, mit der die Waren auf den Dachboden gezogen wurden. 1891–1892 wurde das Haus vollständig restauriert. Die Fassade zum Münster hin ist unter den Fenstern der drei Etagen mit Darstellungen der Sternzeichen geschmückt. Im Haus befindet sich ein beliebtes Restaurant. Die Innenräume sind mit Wandmalereien des Künstlers Léo Schnug (1878 bis 1933) verziert. Von der Terrasse aus haben Sie einen guten Überblick über den Trubel auf dem Münsterplatz.

Münster | Pl. de la Cathédrale | Tram: Grand'Rue

❺ Palais des Rohan D 4

Zwischen 1732 und 1742 entstand die Residenz der Straßburger Fürstbischöfe nach Plänen von Robert de Cotte. Die an die Ill grenzende Seite des Platzes neben dem Münster verlor damit ihren mittelalterlichen Charakter. Wegen des abfallenden Geländes hat der Prachtbau an der Ill-Seite eine Etage mehr. Heute beherbergt das klassizistische, dreiflüglige, sich hufeisenförmig zum Münster öffnende Palais das Musée Archéologique, das Musée des Beaux Arts und das Musée des Arts Décoratifs sowie die Galerie Heitz für Sonderausstellungen. Im Musée des Arts Décoratifs kann man die original erhaltenen Räume des Fürstbischofs bestaunen.

Münster | 2, pl. du Château | Bus: Corbeau

❻ Place du Château D 4

Kein Besucher kommt an diesem Platz vorbei. Über ein Jahr war er von Bauzäunen verdeckt. Es wurden archäologische Grabungen durchgeführt, die Fläche wurde umgestaltet. Jetzt zeigt sich der Platz in neuem Gewand, ist moderner und weitläufiger geworden. Manchem ist er mit viel Granit und Sandstein zu puristisch geraten, doch er bleibt ein Ort zum Verweilen.

Münster | zwischen Münster und Palais des Rohan | Bus: Bateliers

❼ Pont du Corbeau D 4

An der Raben- oder Schinderbrücke wurden vom 13. bis 17. Jh. verurteilte Verbrecher ertränkt. Kindsmörder und Ehebrecherinnen nähte man in einen

Das Gedächtnis der Straßennamen

Elsässisch und Hochdeutsch sind Teil der elsässischen Geschichte. Die französischen Straßenschilder wurden daher mit einer Dialektübersetzung versehen (▶ S. 13).

Sack und warf sie bei lebendigem Leib in die Ill. Weinpanscher und betrügerische Händler hängte man in Käfigen in die stinkenden Abwässer der Grande Boucherie (Schlachthaus) an der gegenüberliegenden Innenseite der Ill. Heute befindet sich in den Räumen der Boucherie das historische Museum der Stadt. Außenseitig gelangt man über die Place du Corbeau durch einen Torbogen zum Rabenhof. Hier befindet sich seit einigen Jahren ein luxuriöses Hotel. In dessen historischem Vorläufer (1528–1854) nächtigte 1740 inkognito Friedrich II. Mit gefälschten Papieren war er über den Rhein nach Straßburg gereist, in der Hoffnung, hier den großen französischen Philosophen Voltaire zu treffen – was zumindest bei dieser Gelegenheit misslang.

Krutenau | Tram: Porte de l'Hôpital

8 Rue des Juifs D 4

Die Rue des Juifs, eine Gasse mit vielen kleinen Geschäften, war das historische Zentrum des Judenviertels.

Erstmals erwähnt wurden die Juden in Straßburg 1146. Im 13. Jh. stand die Gemeinde unter dem Schutz des deutschen Kaisers, ein Privileg, für das sie eine spezielle Steuer zu entrichten hatte. 1338 zahlten Juden zwölf Mark jährlich an den Bischof, 60 Mark an das Heilige Römische Reich Deutscher Nation, und 500 Mark an die Stadt. Damals lebten in der Rue des Juifs hauptsächlich Händler und Handwerker. Die Gemeinde wuchs im 14. Jh. stark an. Doch die Schwarze Pest ließ den Antisemitismus erneut aufflammen. Am 14. Februar 1349 wurden 2000 Juden auf einem Scheiterhaufen verbrannt. Als 20 Jahre später jüdische Familien nach Straßburg zu-

Blühende Pracht am Pont du Corbeau (▶ S. 61): Im Mittelalter ging es hier grausam zu. Zum Tode verurteilte Verbrecher wurden erbarmungslos ertränkt.

rückkehrten, verweigerte man ihnen das Wohnrecht. Bis ins 18. Jh. mussten Juden nach getaner Arbeit die Stadt verlassen, wenn um 22 Uhr die Münsterglocken schlugen. Diese »Judenglocke« ist noch heute zu hören.

Den heutigen Fassaden in dieser Straße, hinter denen sich Boutiquen und kleine Restaurants befinden, ist der Wohlstand vergangener Zeiten anzusehen. Bis 1870 lebte in dieser Straße der letzte Straßburger Bürgermeister unter Napoleon III., Theodore Humann (Nr. 5). Zu sehen ist ferner das Portal der ehemaligen Trinkstube der Maurerzunft von 1506–1789 (Nr. 9). In den Häusern 15/19 war einst ein Badehaus untergebracht. Prinzessin Christina von Sachsen, die Tante Ludwigs XVI., bewohnte das Haus Nr. 27, das sie 1779 bauen ließ. Das Ehrenportal wird von bildhauerischem Schmuck und schmiedeeisernen Elementen umrahmt. Die Mittelfenster schmücken Figuren der vier Jahreszeiten. Nr. 30 beherbergte eine Synagoge mit einer Schule.

Münster | Tram: Grand'Rue oder Broglie und dann zu Fuß 5 bis 10 Min.

9 Zürcher Brunnen E 4

Der Brunnen (1884) erinnert an die berühmte »Hirsefahrt« der Züricher Bürger von 1576. Die Schweizer wollten ihren Straßburger Verbündeten beweisen, dass sie im Notfall die Strecke bis Straßburg so schnell zurücklegen könnten, dass ein Brei warm ankäme. Auf den damals noch wilden Flüssen Limmat, Aare und Rhein brachten sie einen in heißem Sand vergrabenen Topf Hirsebrei nach Straßburg. Er soll nach 17 Stunden Fahrt bei der Ankunft tatsächlich noch warm gewesen sein.

Krutenau | pl. du Pont-aux-Chats | Bus: Guillaume

MUSEEN UND GALERIEN
MUSEEN

10 Cabinet des Estampes et des Dessins ▶ S. 110

11 Musée Alsacien ▶ S. 110

12 Musée Archéologique ▶ S. 110

13 Musée des Arts Décoratifs ▶ S. 111

14 Musée des Beaux-Arts ▶ S. 112

15 Musée de l'Œuvre Notre-Dame (Liebfrauenwerk) ▶ S. 112

⭐ **Musée Historique** ▶ S. 17

GALERIEN

16 CEAAC – Straßburger Verein für zeitgenössische Kunst ▶ S. 114

17 Galerie Ritsch-Fisch ▶ S. 114

18 L'Estampe ▶ S. 115

19 La Chambre ▶ S. 115

ESSEN UND TRINKEN
RESTAURANTS

20 1741 D 4

Barocke Pracht, erlesene Küche – 1741 befand sich das gegenüber gelegene Château des Rohan, einst Residenz des Straßburger Fürstbischofs, kurz vor der Fertigstellung. Im Restaurant 1741 geht es prachtvoll zu. Eine exquisite Küche mit passenden Weinen. Das Interieur nimmt das Rokoko-Thema auf. 2014 zeichnete der Guide Michelin das Restaurant mit einem Stern aus.

Krutenau | 22, quai des Bateliers | Bus: Corbeau oder Bateliers | Tel. 03 88 35 50 50 | www.1741.fr | Do–Mo 11.30–14.30, 19–24 Uhr | €€–€€€

21 Au Cèdre E 5

Libanesisch – Orientalische Spezialitäten erwarten Sie in dem gastfreundli-

chen Restaurant in der Nähe der Universität mit Terrasse. Donnerstags und samstags gibt es orientalischen Tanz.
Krutenau | 1, rue du St.-Gothard | Bus: Krutenau | www.au-cedre.com | Tel. 03 88 25 14 69 | tgl. 12–14, 19–23.30 Uhr | €

22 Au Coin des Pucelles ⮞ D 3
Elsässisch – Eine traditionsreiche Weinstube mit familiärem Flair, in der sich Künstler und Theaterleute sehen lassen. Winzige Küche, viel Geschmack.
Münster | 12, rue des Pucelles | Bus oder Tram: République | Tel. 03 88 35 35 14 | Mo–Sa 18.30–1 Uhr | €€

23 Au Pont du Corbeau ⮞ D 5
Weinstube mit Charakter – Allein die Einrichtung mit kunstvoll holzgetäfelten Wänden ist einen Besuch wert. Von den regionalen Spezialitäten wie Zwiebelkuchen, Lachs auf Sauerkraut und Presskopf werden die Gäste nie enttäuscht. Der Weinkeller ist mit Sachverstand zusammengestellt.
Krutenau | 21, quai Saint-Nicolas | Bus oder Tram: Porte de l'Hôpital | Tel. 03 88 35 60 68 | So–Fr 19.30–22, Mo–Fr 12–14 Uhr | €

24 Au Renard Prêchant ⮞ E 4
Nostalgisches Flair – Kalbsnieren in Senfsoße und Zander auf Sauerkraut gehören zu den traditionellen Spezialitäten, die hinter Kirchenfenstern angeboten werden. Die Geschichte zum Namen des Lokals (Wo der Fuchs predigt …), das einmal eine Kapelle war, erzählt der Wirt gerne persönlich.
Krutenau | 34, rue de Zurich | Tram: Porte de l'Hôpital | Tel. 03 88 35 62 87 | www.renard-prechant.com | Mo–Fr 12–14, tgl. 19.30–22.30 Uhr | €€

25 Chez Yvonne ⮞ D 4
Nahe der Kathedrale – Das ehemals »Burjerstuewel« genannte Lokal war viele Jahre eine Institution. Hier speiste Frankreichs Politprominenz, wenn sie in Straßburg zu Besuch war. Auf Chefin Yvonne Haller folgte die Familie Valmigère. Sie führte die Weinstube mit Stil und Charme weiter. Bewährtes wird in der Gaststube routiniert serviert. Der Rahmen ist herausragend.
Münster | 10, rue du Sanglier | Bus oder Tram: Broglie | www.chez-yvonne.net | Tel. 03 88 32 84 15 | tgl. 12–14.15 und 18–24 Uhr | €€

26 La Petite Mairie ⮞ D 3
Einfach und gut – Hier treffen sich nicht nur Rathausangestellte mit gesundem Appetit. Besonders beliebt sind die Sauerkrautgerichte. Die Bedienung berät die Gäste gern beim passenden Wein.
Münster | 8, rue Brûlée | Tram: Broglie | Tel. 03 88 32 83 06 | Mo–Fr 12–14 und 18.30–22.30 Uhr | €

27 La Table de Christophe ▶ S. 28
28 Le Clou ▶ S. 28

29 Le Maharaja ⮞ D 4
Indische Spezialitäten – Das traditionelle indische Restaurant serviert scharfe Spezialitäten. Wer eine Entscheidungshilfe möchte, kann die Gerichte als Vorspeisen-Häppchen erst einmal durchprobieren.
Krutenau | 15, quai des Bâteliers | Bus: Corbeau | Tel. 03 88 37 31 10 | www.maharaja.fr | tgl. 18.30–24, Mi–So 11.30–14 Uhr | €€

30 Le Pont aux Chats ▶ S. 28

Vor dem Quai des Pêcheurs wird die Wasserfläche etwas breiter, hier hat das Bootscafé Atlantico (▶ S. 65) festgemacht. Am gegenüberliegenden Ufer flanieren die Ill-Spaziergänger.

31 Le Tire-Bouchon   D 4

Traditionell und elegant – Die Weinstube mit üppigem Fassadenschmuck fällt zu recht auf. Die Menükarte bestimmen elsässische Klassiker, in verlässlicher Qualität serviert. Bestens sortierter Weinkeller.

Münster | 5, rue des Tailleurs de pierre | Tel. 03 88 22 16 32 | www.letirebouchon.fr | tgl. 11.30–15, 18–24 Uhr | €–€€

CAFÉS UND BRASSERIEN
32 Café Atlantico   E 4

Am Quai des Pêcheurs hat das kleine Bootscafé angelegt. Das Publikum ist vor allem während des Semesters jung und studentisch.

Krutenau | Quai des Pêcheurs | Tram: Gallia | www.cafe-atlantico.net | tgl. 6–1.30 Uhr

33 Le Roi et son Fou   D 4

Die gemütliche Brasserie liegt wenige Schritte vom Münster entfernt, ein kleiner Ruhepol. Das Publikum ist gemischt und schätzt die diskrete Bedienung. Ideal für eine Pause.

Münster | 37, rue du Vieil-Hôpital | Tram: Grand'Rue | Mo–Sa 8–20, So 9–20 Uhr

BARS

34 Le Saxo ⚑ D 4

Sympathische und nett eingerichtete Bar an der Place du Marché Gayot, die zwar gut besucht, aber selten überlaufen ist. Das Le Saxo wird von jungen und jung gebliebenen Stammgästen frequentiert.

Münster | 8, rue des Frères | Tram: Broglie | tgl. 11–3.30 Uhr

35 Les Aviateurs ⚑ D 4

Im Zentrum hinter der Kathedrale gelegen, gehört Les Aviateurs seit vielen Jahren zu den beliebtesten Bars der Stadt. Das Lokal ist eng, was so mancher Gast auch gern mal zum Anlsass nimmt, um auf der Bar zwischen Biergläsern das Tanzbein zu schwingen. Im Gedränge sieht man auch nicht mehr ganz so junge Nachtschwärmer.

Münster | 12, rue des Sœurs | Bus: Saint-Guillaume | tgl. 9–4 Uhr

36 Péniche Bacchus ▶ S. 29

EINKAUFEN

ACCESSOIRES

37 Mémé en Autriche ▶ S. 36

BÜCHER

38 Ancienne Librairie Gangloff ⚑ D 4

Antiquarische, aber auch neue Bücher über das Elsass in großer Auswahl.

Münster | 20, pl. de la Cathédrale | Tram: Grand'Rue

KERAMIK

39 Poteries d'Alsace ▶ S. 36

LEBENSMITTEL

40 Au doux pays de France ▶ S. 36

41 Au Pain de mon grand père ⚑ E 4

Die Qualität der Brote und Croissants von Straßburgs derzeitigem In-Bäcker hält, was der Ruf verspricht. Die Baguette sind ein Genuss. Auch das Buchweizenbrot ist zu empfehlen – und das zugehörige Bistro gegenüber, wo Sie eine gute Mischung aus Chic und Tradition erwartet.

Krutenau | 58, rue de la Krutenau | Bus: Krutenau | www.aupainde mongrandpere.com | Di–Sa 6–19, So 6–14 Uhr

42 Maison Cyril Lorho ▶ S. 36

43 Thierry Mulhaupt ⚑ D 4

Mulhaupt ist der Designer unter den Straßburger Pâtissiers, er unterhält zwei Ladengeschäfte im Stadtgebiet. Jede seiner Pralinen ist ein kleines Schmuckstück. Zu empfehlen ist auch der Kugelhopf.

Münster | 18, rue du Vieux Marché aux Poissons | Tram: Grand'Rue | Tel. 03 88 23 15 02 | www.mulhaupt.fr

MÄRKTE

44 Buchflohmarkt ⚑ C 4

Auf dem Markt beim Gutenbergplatz, der Rue Gutenberg und der Rue des Hallebardes werden Leseratten dreimal pro Woche fündig. Es gibt unter anderem alte Noten, Comics und Plakate.

Münster | Pl. Gutenberg | Tram: Grand'Rue | Di, Mi, Sa 9–18 Uhr

45 Flohmarkt ⚑ D 4

Hier können Sie zweimal in der Woche alte Truhen, Mobel, Bilder, Bücher, Kurioses und einst Alltägliches wie Nachthemden aus altem Leinen erstehen.

Münster | Pl. de la Grande-Boucherie | Tram: Porte de l'Hôpital | Mi, Sa 9–18 Uhr

MODE

46 Cléone ▶ S. 37

SCHMUCK

47 Joaillerie Humbert D 4

Eric Humbert verkauft in seiner Boutique eigene Kreationen. Darunter klassisch schöne Schmuckstücke, aber auch Witziges wie die Colliers mit kleinem Brezel-Anhänger.

Münster | 46, rue des Hallebardes | Tram: Broglie | Tel. 03 88 32 43 05 | www.eric-humbert.com

48 Lalique ▶ S. 37

TEXTILIEN

49 Arts et Collections d'Alsace ▶ S. 37

KULTUR UND UNTERHALTUNG

DISKOTHEKEN UND MUSIKCLUBS

50 La Passerelle D 4

Beliebter Club am Rand der Krutenau mit regelmäßigen Salsa-Abenden.

Krutenau | 38, quai des Bateliers | Bus: Bateliers | Tel. 03 88 36 19 95 | Kurs ab 20, Club ab 22 Uhr

51 La Salamandre E 4

Die Bar und Disco gehört zu den Fixpunkten des Nachtlebens. Sozialisten veranstalten hier ihre Wahlpartys. Die Musik ist etwas für Jung und Alt.

Krutenau | 3, rue Paul Janet | Bus: Krutenau | Tel. 03 90 41 87 97 | www.lasalamandrestrasbourg.com | Club Do–Sa 23–7, Restaurant bis 6 Uhr

THEATER

52 Théâtre Jeune Public TJP ▶ S. 41

Straßburgs Flohmarkt (▶ S. 66) bietet mehr als schnöde Gebrauchswaren: Neben Schmuck- und Kunstgegenständen werden liebevoll restaurierte Antiquitäten angeboten.

LA PETITE FRANCE ⭐,
FINKWILLER UND KLÉBER

Inbegriff des malerischen Straßburg: Mit seinen Gerberhäusern aus urigem Fachwerk gilt das Viertel zu Recht als einer der Touristenmagneten der Stadt. Dennoch gibt es in Innenhöfen und Gassen noch Entdeckungen zu machen.

Was in früheren Jahrhunderten einmal ein eher ungemütliches, ja finsteres Handwerkerviertel war, gehört heute zum Malerischsten, was Straßburg zu bieten hat. Im **Petite France**, Klein-Frankreich, blieb das Erbe der Färber und Gerber, die im Viertel lebten und arbeiteten, im Straßenbild erhalten. Dicht an dicht stehen die zuweilen sehr geduckten und schiefen **Fachwerkhäuser** an der Ill. In den offenen Dachstühlen des Gerberviertels, die noch an zahlreichen Gebäuden original zu sehen sind, hängten die Handwerker Felle und Häute zum Trocknen auf. Ihr gewöhnungsbedürftiger Geruch hielt, erzählt man sich, die feineren Leute fern. Im Mittelalter sollen deshalb auch Diebe und andere Kriminelle gerne bei den Gerbern untergeschlüpft sein. Jedenfalls vermuteten die Bürger hier aller-

◀ An den Ill-Ufern zeigt sich Straßburgs Fachwerk besonders eindrucksvoll.

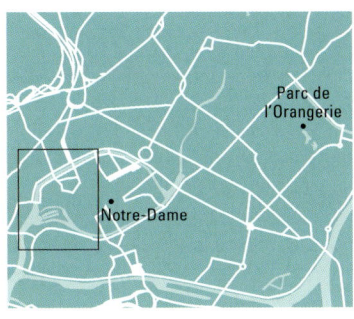

lei Unseriöses und dunkle Geschäfte wozu auch die Prostitution gehörte. Der Name des Viertels geht ursprünglich auf ein Hospital zurück, in dem im 15. Jh. an Syphilis erkrankte Soldaten gepflegt wurden, dem Haus Zum Französel.

Heute hat sich das Viertel in eine Art Freilichtmuseum mit Fußgängerzone verwandelt, das zum Flanieren zwischen den aus dem 16. und 17. Jh. stammenden Häusern, zwischen Cafés, Restaurants und Antiquitätengeschäften einlädt. In den Adventswochen schlagen Händler ihre Holzbuden für den **Weihnachtsmarkt** auf, an der **Place Benjamin Zix**, direkt an der Ill, und der **Place des Meuniers**. Kitsch und Billigexporte sucht man vergebens: Dieser Standort ist den regionalen Erzeugern und Kunsthandwerkern vorbehalten.

Weiter Richtung Nordosten, an der **Place Kléber**, geht es städtischer zu. Den größten der im Zentrum gelegenen Straßburger Plätze prägt die **Aubette**, ein aus dem 18. Jh. stammender Prachtbau. Richtung Westen erreicht man nicht nur den Verwaltungssitz des **Départements Bas-Rhin** mit seiner schwarz glänzenden Fassade und das **Museum für moderne und zeitgenössische Kunst**, sondern auch den ebenfalls sehenswerten Straßburger **Hauptbahnhof** (1883). Seit dessen Renovierung 2006/2007, als das französische Hochgeschwindigkeitsbahnnetz bis Straßburg ausgebaut und die elsässische Hauptstadt eine TGV-Station wurde, umhüllt ein ungewöhnlicher, gläserner Schlauch die Jahrhundertwendefassade.

VORBEI AM MÄRTYRERTURM

Im Süden des Petite France grenzt der **Quai Finkwiller** an die **Rue de la Question** (Frage-Straße). Im 13. Jh. stand hier als Teil der Befestigungsanlage der sogenannte **Daumenturm**. Befragt wurden dessen Insassen allerdings nicht, sondern gefoltert. Die nach Norden an das Petite France angrenzende **Grand'Rue** gilt als die älteste Durchgangsachse der Stadt. Während der Römerzeit führte ihre Verlängerung vom heutigen **Saverne** (Tres Tabernae) bis zum Militärlager am heutigen **Münsterplatz**. Sie ist um der schönen **Bürgerhäuser** und **Palais** willen einen Abstecher wert.

SEHENSWERTES

① Ancienne Douane   D 4

Das mächtige Alte Kaufhüs an der Rabenbrücke ist heute ein beliebtes Restaurant und war im Mittelalter Lagerstätte für steuerpflichtige Waren. Das Gebäude wurde 1358 erbaut und war bis ins 18. Jh. das Handelszentrum der Stadt. Bei den Bombenangriffen von 1944 wurde das ehemalige Zollhaus stark beschädigt, um 1956 dann im alten Stil wieder aufgebaut zu werden. Auf der hölzernen Terrasse hat man beim Essen einen schönen Blick über die Ill und auf den Quai Saint-Nicolas.
Petite France | 6, rue de la Douane | Bus: Corbeau

② Drehbrücke   B 4

Der Fußgängersteg über den Ill-Kanal wurde 1880 anstelle einer Hebebrücke aus Holz errichtet. Während sie früher mit einer Kurbel in Fließrichtung gedreht werden musste, genügt heute ein Knopfdruck, um die Touristenboote passieren zu lassen.
Petite France | Rue des Moulins/Ecke rue du Bain-aux-Plantes | Tram: Grand'Rue

③ ENA   B 4

Im ehemaligen Gebäude des Johanniterordens hat heute die französische Eliteuniversität École Nationale d'Administration ihren Sitz. Seit dem Mittelalter befand sich an dieser Stelle eine Kirche. Im 14. Jh. errichteten die Johanniter eine Komturei, die 300 Jahre später aufgegeben wurde. Im 18. Jh. wurde sie in ein Gefängnis umgewidmet.
Petite France | 1, rue Sainte-Marguerite | Tram: Faubourg National, Bus: Sainte Marguerite | www.ena.fr

④ Industrie- und Handelskammer und Gutenbergdenkmal   C 4

Am Platz mit dem Gutenbergdenkmal liegt die Handelskammer, das wichtigste Renaissancegebäude der Stadt, das Hans Schoch 1582 als Rathaus der Freien Stadt Straßburg errichtete. Die Arkaden am Erdgeschoss des »Neuen Baus« besitzen dorische, die Pilaster der ersten Etage ionische und die der zweiten Etage korinthische Kapitelle. Vom Gutenbergplatz erhält man durch die Rue Mercière eine schöne Sicht auf die Hauptfassade des Münsters. Das Denkmal ehrt Johannes Gutenberg, der die Buchdruckerkunst einführte und hier von 1434–1444 lebte. In der Hand hält er eine Bibelseite mit der Inschrift »Und es ward Licht«.
Petite France | 19, pl. Gutenberg | Tram: Grand'Rue

⑤ La Fabrique – École Nationale Supérieure d'Architecture ⚑   B 3

Eine Architekturfabrik? Der französische Architekt Marc Mimram, von dem auch die Pläne für Fußgänger- und Radfahrerbrücke (2004) zwischen Kehl und Straßburg stammen, hat den Erweiterungsbau der Hochschule für Architektur entworfen. Unweit des Straßburger Hauptbahnhofs hat er für knapp 30 Millionen Euro ein Gebäude aus verschachtelten Betonwürfeln mit großzügigen Glasflächen geschaffen.
Petite France/Bahnhof | 6–8, bd. du President Wilson | Tram: Gare Centrale | www.strasbourg.archi.fr

⑥ Maison des Tanneurs   B 4

Die Ursprünge des Gerberhauses mit der Galeriefassade auf der Ill-Seite und einem Überhang auf der Straßenseite

gehen auf das Jahr 1572 zurück. Damals verbreiteten die Gerber allerdings strenge Gerüche. Die Rue du Bain-aux-Plantes, die Hauptstraße des Viertels, trug Ende des 13. Jh. den Namen Glanzhof, zwei Jahrhunderte später wurde er in Pflanzhof abgewandelt, später in Pflanzbad, die direkte Entsprechung des heutigen französischen Namens. Der Name Pflanzbad bezog sich auf eine Badestube für Frauen (Nr. 22). Schräg gegenüber dem Gerberhaus steht das Lohkäshaus (Nr. 25) aus dem Jahr 1676. Lohkäs nannte man die Eichenrinde, mit der die Gerber die Tierfelle präparierten. Hatte die gepresste Rinde ihren Dienst getan, wurde sie als preiswertes Brennmaterial weiterverwendet. Die erhaltenen Gerberhäuser der Straße stammen aus dem 16. und 17. Jh.

Petite France | 42, rue du Bain-aux-Plantes | Tram: Grand'Rue

⑦ Ponts Couverts (Gedeckte Brücken) 📗 B 4

Bei den vier Türmen handelt es sich um Überreste der Stadtmauer aus dem 14. Jh. Früher versperrten sie mit Fallgattern die Zufahrt in die Altstadt. Die ursprünglich gedeckten Holzbrücken wurden im 19. Jh. aus Stein neu gebaut. Die Türme dienten bis 1832 als Gefängnis, die Öffnungen für die Kanonen sind noch zu sehen.

Nachdem Frankreich die elsässische Hauptstadt 1681 zurückgewonnen hatte, verlor die alte Stadtmauer ihre Aufgabe: Der königliche Baumeister Vauban umgab Straßburg mit einem neuen Befestigungsring. Die 1690 erbaute Barrage Vauban (Stauwehr) erlaubte es, den südlichen Teil der Stadt zu fluten und für den Feind unzugänglich zu machen. Von der Panoramaterrasse auf dem Wehr bietet sich ein besonderer Blick auf diesen Teil der Stadt.

Petite France | Pl. Henri Dunant | Tram: Faubourg National | tgl. 9–19.30 Uhr, geschl. am 14./15. Juli

8 Saint-Nicolas · C5

Die kleine gotische Kirche Saint-Nicolas wurde Mitte des 15. Jh. an Stelle eines Vorgängerbaus aus dem 12. Jh. errichtet. Der Turmhelm stammt aus dem Jahr 1558. Der Innenraum der Kirche zeigt Überreste von Fresken der Entstehungszeit. Johannes Calvin (1509–1564) predigte hier nach seiner Ausweisung aus Genf zwischen 1538 und 1541.

Finkwiller | Quai Saint-Nicolas | Tram: Porte de L'Hôpital, Bus 10: St. Nicolas

9 Saint-Pierre-le-Vieux · B3

Die Kirche St.-Pierre-le-Vieux gilt als der älteste erhaltene Sakralbau der Stadt. Er besteht aus zwei aneinandergebauten Kirchen, die eine katholisch, die andere evangelisch.

Das ältere der beiden Gebäude entstand ab 1381. Ende des 15. Jh. erhielt es einen gotischen Chor. Ab 1529 war der Bau protestantisch, wurde unter Ludwig IV. aber wieder an die katholische Kirche übereignet. Als der Kirchenraum Ende des 19. Jh. zu klein geworden war, errichtete der Straßburger Architekt Conrath einen Anbau im neogotischen Stil. Erhalten blieb der gotische Lettner, die Schranke, die den Besucherraum vom Kollegium der Geistlichen trennt.

Petite France | 1, pl. de Saint-Pierre-le-Vieux | Tram: Alt Winmärik

10 Saint-Thomas · C4

Nachdem Straßburg ab 1681 wieder zu Frankreich gehörte und sich das Münster erneut in katholischer Hand befand, entwickelte sich die Thomaskirche als zweitgrößte Kirche der Stadt zum geistigen Zentrum der Protestanten. 1524 war hier der erste lutherische Gottesdienst gefeiert worden. Der elsässische Humanist und Reformator Martin Bucer wirkte ab 1531 in der Thomaskirche als Pastor. Die Fundamente stammen aus der Amtszeit des Bischofs Adeloch, der hier im 9. Jh. residierte. Nach einem Brand im 11. Jh. wurde der Bau der heute noch erhaltenen fünfschiffigen Kirche Ende des 12. Jh. im romanischen Stil begonnen. Die spätgotischen Seitenkapellen entstanden Anfang des 16. Jh.

Zur Bedeutung der Thomaskirche trug in den vergangenen Jahrhunderten auch die herausragende Qualität ihrer Orgeln bei. Zwischen 1737 und 1741 schuf der berühmte elsässische Orgelbauer Johann Andreas Silbermann die zuletzt 1979 restaurierte Hauptorgel. Ein zweites Instrument geht auf Pläne Albert Schweitzers zurück, der nicht nur Theologe, Philosoph und Arzt war,

Die Orgeln von Saint-Thomas (▶ S. 72) an der Rue Martin Luther haben einen herausragenden Klang, darüber hinaus bieten die Grabmäler einen interessanten Einblick in die Geschichte.

sondern auch ein zu seiner Zeit bedeutender Organist. In der Thomaskirche konzertierte er zu Zeiten, als er bereits sein Tropenkrankenhaus in Lambaréné gegründet hatte, um seine Arbeit dort zu finanzieren. Lange vor Schweitzer hatte schon Wolfgang Amadeus Mozart auf der Silbermann-Orgel musiziert und auf einer seiner Konzertreisen durch Europa 1778 auch das Straßburger Publikum begeistert.

Die Kirche birgt eine Vielzahl von Grabmälern. Herausragend ist das Grab des Marschalls Moritz von Sachsen (1696 bis 1750), der für Frankreich kämpfte.

Der Bildhauer Jean-Baptiste Pigalle hat das monumentale Werk aus Marmor 1756–1776 im Auftrag von Ludwig XV. geschaffen, eines der wichtigsten Werke der französischen Plastik des 18. Jh. Die Szenerie: »La France« will den Marschall noch zurückhalten, doch dieser schreitet mehrere Stufen hinab zu einen Sarg zu, den der Tod aufhält.

Petite France | Pl. Saint-Thomas | Tram: Grand'Rue | Tel. 03 88 32 14 46 | www. saint-thomas-strasbourg.fr | tgl. Feb./ März und Nov./Dez. 10–17, April–Okt. 10–18 Uhr, Führungen auf Anfrage, keine Besichtigungen während des Gottes-

Die Place Kléber (▶ S. 69) ist der größte Platz in Straßburgs Mitte, ein urbaner Gegensatz zu den verwinkelten Gassen. Heute ist er Fußgängerzone.

dienstes am Sonntagmorgen (9.15 Uhr in dt., 10.30 Uhr in frz. Sprache)

⭐ 4 Terrasse Panoramique du Barrage Vauban   🚩 B 4

Das Wehr entstand nach Plänen des Hofarchitekten Ludwigs XIV., Sébastien Le Prestre Marquis de Vauban (1633–1707), als Teil einer Verteidigungsanlage Ende des 17. Jh. Bei Gefahr konnten die Schleusentore herabgelassen und auf diese Weise der südliche Verteidigungsgürtel der Stadt geflutet werden. Von hier blickt man auf die vier Türme der Ponts Couverts im Vordergrund, auf die Altstadt mit der Kirche Saint-Thomas bis hin zum Münsterturm. In dem festungsartigen Gebäude nördlich des Vauban-Wehrs befindet sich heute die Eliteschule ENA (▶ S. 138).

Petite France | pl. du Quartier Blanc | Tram: Musée d'Art Moderne | tgl. 9–22 Uhr

MUSEEN UND GALERIEN
MUSEEN
11 Aubette 1928 ▶ S. 109
12 Musée d'Art Moderne et Contemporain ▶ S. 111
13 Musée Vodou 🚩 ▶ S. 114

GALERIEN
14 Galerie Pascale Froessel ▶ S. 114

ESSEN UND TRINKEN
RESTAURANTS
15 Ancienne Douane   🚩 D 4
Speisen im ehemaligen Zollhaus – Großes, häufig von Touristen besuchtes Lokal mit warmer, traditioneller Küche von 12 bis 24 Uhr. Im Sommer

schmeckt es am besten auf der Terrasse mit Blick über die Ill.

Petite France | 6, rue de la Douane | Tram: Grand'Rue | Tel. 03 88 15 78 78 | www.anciennedouane.fr | tgl. 12–14, 19–22 Uhr | €€

16 Au Crocodile ⚑ C 3

Souveräne Spitzenküche – Als betrete man einen Schrein, so fühlt man sich, wenn man die schweren Vorhänge am Eingang hinter sich lässt. Das Crocodile galt seit Jahrzehnten als eine der kulinarischen Institutionen der Stadt. Nach einem Besitzerwechsel hat es nun weniger Michelin-Sterne, ist dafür aber experimentierfreudiger als früher.

🕐 Das beste Preis-Leistungs-Verhältnis bietet sich zur Mittagszeit. Businesslunch für den gut gefüllten Geldbeutel oder alle, die sich mit der gehobenen französischen Küche vertraut machen möchten. Kléber | 10, rue de l'Outre | Tram: Homme de Fer oder Broglie | Tel. 03 88 32 13 02 | www.au-crocodile.com | tgl. 11.45–14, 19–21.30 Uhr | €€€€

17 L'Alsace à Table ⚑ C 4

Fisch auf elsässisch – Eine Institution für Liebhaber von Fischgerichten. Den Hummer kann man im Wasserbecken selbst aussuchen. Zu empfehlen ist frischer Lachs auf Sauerkraut.

Petite France | 8, rue des Francs-Bourgeois | Tram: Grand'Rue | Tel. 03 88 32 50 62 | www.alsace-a-table.fr | tgl. 11.45–14.30 und 18.45–23 Uhr | €€

18 La Cambuse ▶ S. 28

19 La Cloche à Fromage ⚑ C 4

Käse, was sonst – Mehr als 200 französische Käsekompositionen erwarten die Gäste in René Tourettes Restaurant. Raclette und Käsefondue stehen ebenso auf der Speisekarte wie Fleisch- und Fischgerichte – natürlich mit Käse verfeinert. Freundliche und sachkundige Beratung.

Petite France | 27, rue des Tonneliers | Tram: Grand'Rue | www.fromagerietourrette.com | Tel. 03 88 23 13 19 | Mo–Sa 12–13.45 und 19–22 Uhr | €

20 La Vieille Tour ⚑ B 4

Kreativ zubereitete Speisen – Eine innovative französische und saisonale Küche bietet Emmanuel Lercher in seinem winzigen Lokal am Rande des Petite France. Außerdem überzeugt die zuvorkommende Bedienung.

Petite France | 1, rue Adolphe Seyboth | Tram: Faubourg National | Tel. 03 88 32 54 30 | Di–Sa 12–14 und 19–22.30 Uhr | €€

21 Le Seven ⚑ D 4

Schick – Das geräumige Lokal steht bei Nachtschwärmern hoch im Kurs. In drei großen Sälen ist viel Platz, und auf den Marmortischen tanzen schon mal die Mädchen, wenn die Musik besonders in die Beine geht.

Petite France | 25, rue des Tonneliers | Tram: Grand'Rue | Mo–Sa 22–4 Uhr

22 Les Haras 🚩 ⚑ B 5

Sterneküche und Historik – Wo sich im 18. Jh. Pferde die Beine vertraten, schlafen und speisen heute Touristen und Wissenschaftler, die in Straßburg zu Gast sind. Das Straßburger Forschungsinstitut IRCAD hat die Sanierung des ehemaligen königlichen Gestüts finanziert und ein historisches Gemäuer gerettet, das vom Verfall bedroht war. Les Haras (das Gestüt) wurde im November 2013 eröffnet. Das Hotel bedient gehobene Ansprüche. Das Restaurantkonzept der Brasserie nebenan hat kein geringerer als Marc Haeberlin, der berühmte Sternekoch aus Illhaeusern bei Colmar, entwickelt. Moderne französische Küche trifft hier auf erlesene Innengestaltung. Auch wer in der Lounge nur einen Kaffee wünscht, ist der Equipe willkommen. Finkwiller | 23, rue des Glacières | Bus: Hôtel du Département | Tel. 03 88 24 00 00, Hotel: Tel. 03 90 20 50 00 | www.les-haras-brasserie.com, www.les-haras-hotel.com | Di–Do 12–14, 19–22, Fr, Sa 12–14.30, 19–22.30, Bar/Lounge 18.30–24, Fr, Sa bis 1 Uhr | €€€

23 Lohkäs 🔖 B 4

Unterm Orchestrion – »Lohkästreppler« verkauften im Mittelalter verbrauchte Gerbemittel als billiges Brennmaterial. Die Küche im gleichnamigen Lokal ist vielmehr reichhaltig und auf regionale Spezialitäten wie Sauerkrautgerichte und Gänseleber spezialisiert. Petite France | 25, rue du Bain-aux-Plantes | Tram: Grand'Rue | www.lohkas.com | Tel. 03 88 32 05 26 | tgl. 11.30–14.30 und 18.30–22.30 Uhr | €€

24 Maison des Tanneurs 🔖 C 4

Klassiker der elsässischen Küche – Die »Gerwerstub« (Gerberstube) ist die erste Adresse für Choucroute und andere elsässische Klassiker. Wenn man rechtzeitig reserviert und in dem gemütlichen Gastraum einen Tisch am Fenster erwischt, hat man zudem einen schönen Blick auf die Ill. Petite France | 42, rue du Bain-aux-Plantes | Tram: Alt Winmärik |

Tel. 03 88 32 79 70 | www.maison-des-tanneurs.com | Di–Sa 12–14 und 19–21.45, im Dez. auch So 12–14 Uhr | €€€

25 Pomme de Terre et Compagnie 🔖 D 4

Kartoffeln satt – Der Gastraum ist klein und meist gut gefüllt. Geboten werden verschiedenste Variationen von Kartoffelgerichten. Sowohl Vegetarier als auch Gäste, die Fleisch bevorzugen, kommen auf ihre Kosten. Petite France | 4, rue de l'Écurie (beim Alten Zollhaus) | Tram: Grand'Rue | www.pommes-de-terre-cie.com | Tel. 03 88 22 36 82 | tgl. 12–14 und 19–23 Uhr | €

26 Umami 🔖 C 4

Asiatische Finesse – Dazu französische Kochkunst. Umami steht für die fünfte Geschmackskomponente, die ein Gericht erst richtig köstlich macht. Perfektes Zusammenspiel asiatischer und europäischer Aromen. Petite France | 8, rue de Dentelles | Tram: Grand'Rue | Tel. 03 88 32 80 53 | www.restaurant-umami.com | Mo, Di, Sa, So 19.30–21.30, Sa und So auch 12–13.30 Uhr | €€

CAFÉS

27 Café Riss 🔖 C 4

Eines der letzten Straßburger Cafés, die bisher dem Modernisierungstrend standgehalten haben. Bei Kaffee und Kuchen sitzt der Gast im oberen Stock an einer schmalen Galerie: Von hier hat man den besten Blick auf die Köstlichkeiten in der Auslage. Kléber | 35, rue du 22 Novembre | Tel. 03 88 32 29 33 | Tram: Grand'Rue oder Homme de Fer | Mo–Sa 8–19 Uhr

28 Café Winter ⏹ C 4

Die Verjüngungskur ist hier sehr gut gelungen. Und man muss bei den leckeren Kuchen und Pralinen keine Abstriche machen. Empfehlenswerter Mittagstisch.

Kléber | 25, rue du 22 Novembre | Tram: Homme de Fer | Tel. 03 88 32 85 40 | Mo–Sa 8–19 Uhr | www.Pâtisseries-winter.fr

29 La Corde à Linge ⏹ C 4

Ob Sie nur einen Café au lait auf dem schönsten Platz des Viertels trinken wollen oder eine Kleinigkeit essen: Hier im Herzen von La Petite France finden Sie eine gelungene Kombination aus Café und Bistro.

Petite France | 2, pl. Benjamin Zix | Tram: Grand'Rue | www.lacordealinge.com | tgl. 10.30–24 Uhr

30 La Tinta ⏹ B 4

Zeit für einen Abstecher ins literarische Café und eine Pause bei einem guten Kaffee oder heißer Schokolade und hausgemachten Kuchen und – falls Sie zur Mittagszeit kommen – bei einem preiswerten Tagesmenü wie Quiche mit Salat oder Pasta.

Petite France | 36, rue du Bain-aux-Plantes | Tram: Grand'Rue | Tel. 03 88 32 27 94 | www.tinta-cafe.fr | Di–Sa 10.30–18 Uhr

EINKAUFEN

ANTIQUITÄTEN

31 Chenkier Antiquité ⏹ B 5

Das von André Chenkier geführte Geschäft ist eine Fundgrube für Stilmöbel und Gemälde aus dem 18. und 19. Jh.

Petite France | 18, rue des Glacières | Bus: Hôtel du Département

BÜCHER

32 L'Occase de l'oncle Tom ⏹ C 4

Eine Fundgrube für die Liebhaber von Vinyl und ausgefallenen CD-Titeln, aber auch von Comic-Heften. Der Laden bietet neue und gebrauchte Produkte. Im Musikbereich sehr gut sortiert, insbesondere bei Retro- und Independent-Alben.

Petite France | 119, Grand'Rue | Tram: Grand'Rue | http://occaseoncletom.blogspot.de | Mo 13–19, Di–Fr 10–12.30 und 13.30–19, Sa 10–19 Uhr

33 Librairie internationale Kléber ⏹ C 4

Die Buchreihen sind bestens sortiert, egal ob bei Belletristik, historischen Themen, Krimis oder Kochbüchern. Wer kein Französisch liest, ist im hauseigenen Ableger schräg gegenüber in der internationalen Buchhandlung der »Aubette« an der richtigen Adresse, wo auch ein großes Angebot deutscher Literatur zu finden ist.

Kléber | 1, rue des Francs-Bourgeois | Tram: Homme de Fer | Tel. 03 88 15 78 88 | www.librairie-kleber.com | Mo 10–19.30, Di–Sa 9–19.30 Uhr

34 Librairie Oberlin ⏹ C 4

Die traditionsreiche Buchhandlung wurde 1817 zu Ehren des 1740 in Straßburg geborenen Pfarrers und Sozialreformers Johann Friedrich Oberlin gegründet. Auf 100 qm finden sich neben spiritueller und geistlicher Literatur Titel elsässischer Autoren und zu Themen über das Elsass.

Petite France | 22, rue Division Leclerc | Bus: Saint Nicolas | www.oberlin.fr | Mo 14–19, Di–Fr 9.30–19, Sa 9.30–12.30 und 13.30–18 Uhr

35 Quai des Brumes 🦋📗 C 4

Die Buchhandlung ist die richtige Adresse für Liebhaber französischer Literatur. Ein Besuch lohnt auch für alle, die gerne in besonders ausgefallenen Kunstbänden oder in Bilderbüchern stöbern.

Petite France | 120, Grand'Rue | Tram: Grand'Rue | Mo 14–19, Di–Sa 10–19 Uhr

LEBENSMITTEL

36 La Cloche à Fromage 🦋📗 C 4

Käsemeister René Tourrette präsentiert Produkte aus ganz Frankreich. Die Vielfalt ist schier grenzenlos, sei es Edelpilzkäse, Weichkäse oder – als Krönung französischer Käsekunst! – gereifte Rohmilchkäse.

Petite France | 32, rue des Tonneliers | Tram: Grand'Rue | Tel. 03 90 20 66 88 | www.fromagerie-tourrette. com | Mo–Fr 6.30–12, Sa 7.30–11.30 Uhr

37 Les Mains dans la farine ▶ S. 36
38 Porcus ▶ S. 37

MODE

39 Printemps 🚩 🦋📗 C 3

Im Inneren unterscheidet sich das Modekaufhaus nicht weiter von anderen Filialen der Kette mit einem Angebot von gediegen bis luxuriös. Zu einer Sehenswürdigkeit macht es seit 2013 die neue Fassade, die mit ihren kubischen Elementen an einen riesigen Kristall erinnert.

Wer sich Zeit nimmt und bis zur fünften Etage nach oben fährt, wird mit einem schönen Ausblick auf die Innenstadt belohnt.

Kléber | 1, rue de la Haute Montée | Tram: Homme de Fer | www.printemps. fr | Mo–Sa 9–20 Uhr

SPIELZEUG

40 Le Bilboquet 🦋📗 C 4

Kinder wie auch deren Eltern sind begeistert von dem gut sortierten Spielzeugangebot, dessen Vielfalt von Modellautos über Flugdrachen und Teddybären bis hin zu qualitativ hochwertigem Holzspielzeug reicht.

Kléber | 1, rue de la Lanterne | Tram: Grand'Rue | www.lebilboquet.fr

WEIN

41 Terres à vin 🦋📗 C 4

Weinliebhaber finden in diesem Geschäft 1600 Weine aus 30 Ländern in allen Preisklassen. In einer eigens eingerichteten Restaurantecke kann man eine Weinprobe mit einem kleinen Imbiss verbinden.

Petite France | 1, rue du Miroir | Tram: Grand'Rue | www.terresavin.com | Mi–Sa 11–22 Uhr

KULTUR UND UNTERHALTUNG

KINO

42 Cinéma Star/Star Saint-Exupéry
▶ S. 39

ROCK, POP UND JAZZ

43 Au Camionneur 🦋📗 B 2

Beliebte Musikkneipe mit einem Programm von Jazz über Chanson, Blues bis Folk. Humor und Improvisationstheater. Hier darf getanzt werden.

Petite France/Bahnhof | 14, rue Georges Wodli | Tram: Gare Centrale | Tel. 03 88 32 12 60 | www.au-camionneur.fr

THEATER

44 Théâtre de la Choucrouterie
▶ S. 41
45 Théâtre Jeune Public – Petite Salle ▶ S. 41

IHRE MEINUNG
IST UNS WICHTIG!

Wir möchten mit unseren Reiseführern für Sie und Ihre Reise noch besser werden. Nehmen Sie sich deshalb bitte kurz Zeit, uns einige Fragen zu beantworten. Als Dankeschön für Ihre Mühe verlosen wir traumhafte Preise unter allen Teilnehmern.

1. PREIS
Eine zweiwöchige Fernreise für zwei Personen

2. PREIS
Wochenend-Trip in eine europäische Hauptstadt

3. PREIS
Je einen von 100 Reiseführern Ihrer Wahl

Mitmachen auf
www.reisefuehrer-studie.de

Oder QR-Code mit Tablet/Smartphone scannen

MERIAN
Die Lust am Reisen

NEUSTADT UND BROGLIE

Wo sonst, wenn nicht am Übergang von der Straßburger Ill-Insel zur Neustadt, treffen deutsche und französische Architektur enger aufeinander. Die Europastadt pflegt aus gutem Grund beide Seiten ihrer Geschichte gleichermaßen.

Die »neue Stadt« sollte Platz für viele Menschen bieten und das neu gegründete Kaiserreich in makellosem Glanz repräsentieren. Nachdem Preußen den Krieg 1870/71 für sich entschieden hatte und das Elsass sowie ein Teil Lothringens mit dem Frankfurter Friedensvertrag als Reichsland dem deutschen Staatsgebiet angegliedert geworden war, machten sich die Architekten – Deutsche wie Straßburger – ans Werk.

STRASSBURG WIRD HERAUSGEPUTZT

Die Planer entwarfen außerhalb der alten Stadtgrenze und der Ill die wuchtigen Prachtbauten an der heutigen **Place de la République** und von hier ausgehend, Straße für Straße, mehrgeschossige Wohnhäuser und Villen, die bis heute maßgeblich das Aussehen Straßburgs nördlich und nordöstlich der Altstadt prägen.

◄ Prachtbauten säumen prägt die Place de
la République (▶ MERIAN TopTen, S. 86).

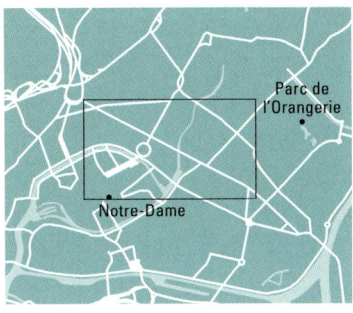

Berlin sah in Straßburg als Hauptstadt des neuen Reichslandes Elsass-Lothringen ein Aushänge-
schild. Die Stadt sollte systematisch
zu einem neuen politischen, administrativen, wirtschaftlichen und
kulturellen Zentrum ausgebaut
werden. **La Neustadt**, wie man
heute in offiziellen Prospekten lesen kann, zählte zu den zentralen Be-
standteilen dieser strategischen Überlegungen. Heute gehört sie zu den
besterhaltenen Gebäudeensembles aus jener Zeit mit den für das ausge-
hende 19. Jh. typischen Bauformen und den Einflüssen des Jugendstils. In
anderen Neustädten des Deutschen Reichs fiel diese Architektur in wei-
ten Teilen den Bomben des Zweiten Weltkriegs zum Opfer. In Straßburg
jedoch kann man entlang der großen Achsen – der **Avenue des Vosges**
und der **Avenue de la Liberté** – durch die bürgerlichen Wohnviertel flanieren und sich am Fassadenschmuck erfreuen: Hier trifft Neoklassik auf
Neobarock, Neorenaissance und schließlich kunstvollen Jugendstil.

ARCHITEKTONISCHE DETAILS SIND DIE ZEITZEUGEN

Der Reiz liegt im Original: Eisenbeschläge an alten Ladenfassaden, Fens-
tergitter an den ehemaligen Hausmeisterwohnungen, in den Ministerien
original erhaltene Lampen und Waschbecken, Wasserhähne in den Büros, Wandmosaiken im Eingangsbereich der Präfektur, wo heute Straßburger Bürger ihre Pässe und Ausweise beantragen. »Gas in allen Etagen«
kann man noch heute auf einem Wohnhaus aus dieser Zeit lesen. Mit den
Neubauten hielt um die Jahrhundertwende auch ein gewisser Komfort
Einzug. Der Krieg 1870/1871 ist heute Geschichte und die architektonischen Zeugen dieser Epoche werden im Elsass längst nicht mehr als miss-
liebiger Ballast betrachtet. In den vergangenen Jahren hat das regionale
Denkmalschutzamt im Auftrag der Stadt das Viertel mit Blick auf einen
wirkungsvollen **Denkmalschutz** in diesem Sektor erfasst. Das nächste er-
klärte Etappenziel der Stadt ist die Bewerbung um die Aufnahme der
Neustadt in das Weltkulturerbe der UNESCO. Der großen Insel, also der
Straßburger Altstadt innerhalb der Ill, ist diese Würdigung seit den
1980er-Jahren zuteil geworden.

SEHENSWERTES

① Aquädukt ◆ D3

Das von Tomi Ungerer entworfene Denkmal mit dem doppelgesichtigen Januskopf und einem Aquädukt wurde zur 2000-Jahr-Feier der Stadt 1988 eingeweiht. Ungerers Aquädukt in einem Brunnenbecken ist 5 m hoch und 6 m breit – ein Sinnbild der »Geburt der Zivilisation«, das aus 5000 handgefertig-ten Ziegeln gemauert wurde. Der zugehörige 1,5 m hohe Januskopf aus Bronze symbolisiert ein bei Ungerer immer wiederkehrendes Thema: die Geschichte des Elsasses als Grenzland zwischen Deutschland und Frankreich. Ausgeführt hat den Januskopf der Bildhauer Denis Roth.

Broglie | Ecke Pl. Broglie, Quai Schoepflin | Tram: Broglie

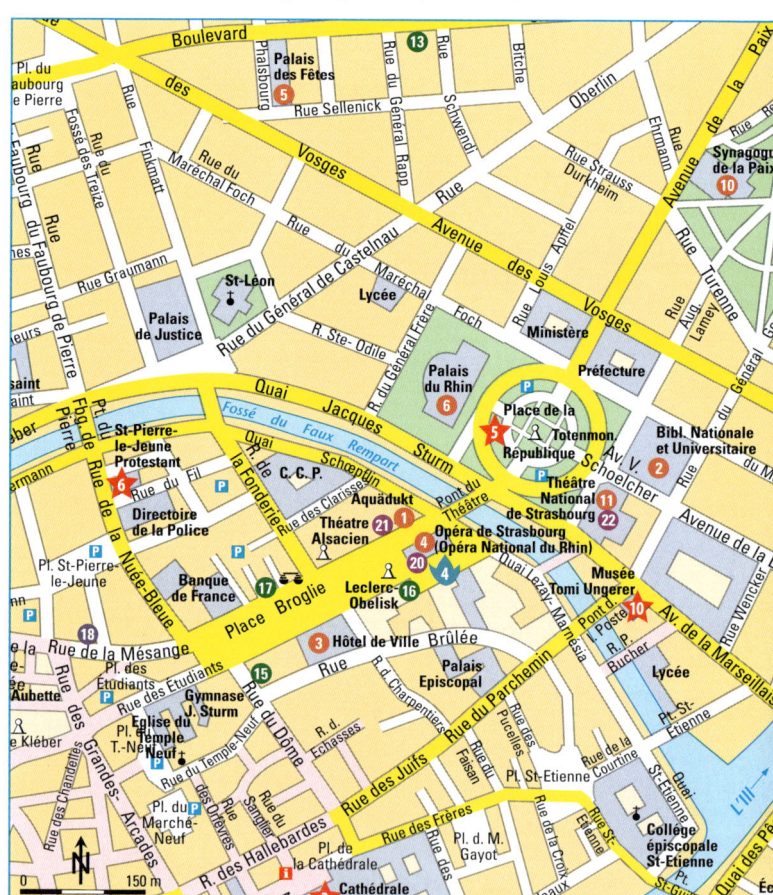

❷ Bibliothèque Nationale et Universitaire (BNU) 🚩 💧D3

Bislang war die Straßburger Universitäts- und Nationalbibliothek für alle ein Muss, die sich für Architektur aus der Kaiserzeit interessierten – für Studierende der Germanistik sowieso. Vier Jahre wurde die BNU umgebaut. Jetzt darf man sich auf eine kühne Innengestaltung freuen.

Nach den Plänen des Pariser Architekten Nicolas Michelin wurde die denkmalgeschützte Fassade mit neuem Leben hinter den Mauern gefüllt: Lesesäle mit 660 Arbeitsplätzen unter der alten, nach der Renovierung in neuem Glanz erstrahlenden Glaskuppel, 200 000 von insgesamt drei Millionen Dokumenten, die jetzt frei zugänglich sind, ein Auditorium, ein großzügiger Ausstel-

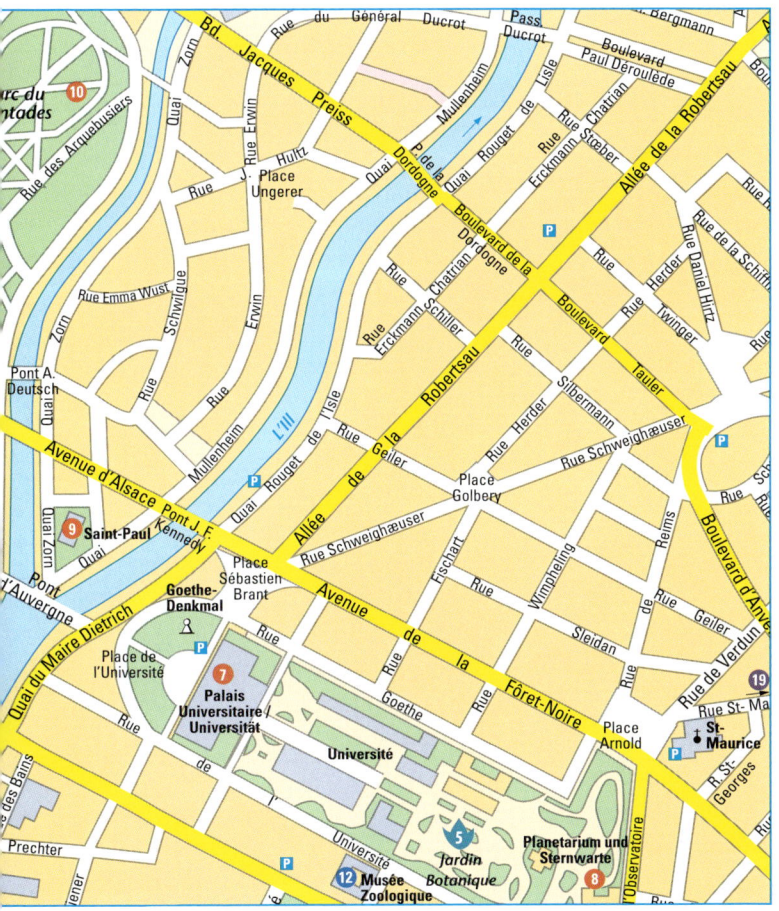

Die Place Broglie (▶ S. 84) war einst Turnierplatz, der Obelisk im Zentrum erinnert an die Befreiung der Stadt 1944 durch Maréchal Leclerc.

lungsraum und eine spektakuläre Wendeltreppe, die sich im Zentrum der Bibliothek nach oben schraubt.

Neustadt | 6, pl. de la République | Tram: République | www.bnu.fr

❸ Hôtel de Ville ✈ D3

Das alte Rathaus an der Südseite der Place Broglie wurde 1730–1736 von Joseph Massol als Hanauer Hof für den Grafen von Hanau-Lichtenberg erbaut, der im Elsass Ländereien besaß. Hier wurde 1786 der spätere König Ludwig I. von Bayern geboren, dessen Vater bis zur Französischen Revolution Regimentskommandeur in Straßburg war. Ab 1805 wurde es als Rathaus genutzt. Heute finden hier standesamtliche Trauungen statt. Der Oberbürgermeister empfängt offizielle Gäste in den prunkvollen Sälen der ersten Etage.

Broglie | 9, rue Brûlée (Hofeingang) | Tram: Broglie

❹ Opéra de Strasbourg und Place Broglie ✈ D3

Auf der Innenseite der Ill in Nachbarschaft zur Place de la République befindet sich der im 18. Jahrhundert in französischem Stil errichtete Teil der Stadt. Hier treffen deutsche und französische Architektur aufeinander. Neben der klassizistischen Oper (1804), ehemals das Stadttheater (Théâtre municipal), verdient das Hôtel Klinglin, heute der Amtssitz des Straßburger Präfekten, Beachtung. Das Denkmal, ein Obelisk in der Mitte des Platzes, wurde zu Ehren des Maréchal Leclerc errichtet, dessen Truppen am 23. November 1944 Straßburg befreiten. Die Place Broglie, auf der heute bei Gelegenheit Militärparaden stattfinden, war im Mittelalter Pferdemarkt und Turnierplatz. Hinter der Oper liegt der Kornspeicher aus dem 15. Jahrhundert. Er war in Kriegszeiten oft überlebenswichtig für die Bevölkerung.

In der heutigen Banque de France, dem Gebäude an der nördlichen Längsseite des Platzes, hat der junge Offizier Rouget de Lisle am 26. April 1792 erstmals den von ihm getexteten und komponierten Gesang der Rheinarmee, die spätere Marseillaise, vorgetragen.

Broglie | 19, pl. Broglie | Tram: Broglie | Tel. 03 88 75 48 00 | www.operanationaldurhin.eu

Inmitten der Vorfreude an der Oper

Man muss nicht in Besitz eines Tickets sein, man kann auch an der Stimmung in sommerlicher Abendluft auf der Treppe vor der Oper teilhaben. Die Straßburger sitzen fein angezogen zwischen den Säulen vor der Oper an einem der Tischchen und nippen an einem Glas Crémant (▶ S. 13).

⑤ Palais des Fêtes 🏴 D 2

Das ehemalige Sängerhaus wurde lange als Konzerthaus genutzt. Derzeit üben die Elevinnen der Ballettschule in den Räumen. Inzwischen ist das neobarocke Gebäude (1903) recht baufällig und wird saniert. Die auffällige Fassade sollte sich ansehen, wer in der Neustadt auf Entdeckungstour geht.

Neustadt | Ecke rue Sellénick/rue de Phalsbourg | Bus: Palais des Fêtes

⑥ Palais du Rhin 🏴 D 3

1889 wurde das heutige Palais du Rhin von Wilhelm II. als Kaiserpalast eingeweiht. Der Kaiser gab dem von Hermann Eggert entworfenen und rund drei Millionen Goldmark teuren Gebäude den wenig prunkvollen Beinamen Elefantenstall. 1920 zog die Zentralkommission für die Rheinschifffahrt, die älteste noch bestehende internationale Organisation, in das nach dem Vorbild des florentinischen Palazzo Pitti erbaute Gebäude ein. Heute hat auch die regionale Denkmal-

schutzbehörde hier ihren Sitz. In der Zeit von 1940 bis 1944 nutzte es die Kommandantur der nationalsozialistischen Lokalregierung. Das Palais war im Sommer 1944 stark beschädigt worden, danach bezog General Philippe de Hauteclocque, besser bekannt unter seinem Résistance-Namen Jacques-Philippe Leclerc, nach der Befreiung Straßburgs im November 1944 hier Quartier.

Neustadt | Pl. de la République | Tram: République

⑦ Palais Universitaire und Universität 🏴 E–F 3–4

Im Ende des 19. Jh. von Otto Warth erbauten Universitätspalais wurde 1949 die erste Sitzung des Europarats abgehalten. Im Süden der Universitätsgebäude aus der Kaiserzeit entstand in den 1970er-Jahren ein moderner Campus. Die Universität Straßburg ist mit rund 44 000 Studierenden in 77 Forschungseinheiten die größte des Landes. Aus ihr sind zudem drei Nobelpreisträger hervorgegangen.

Vor wenigen Jahren gehörte sie zu den ersten, die in die französische Exzel-

Botanischer Garten

Ab dem Jahr 1880 entstand in Straßburg die kaiserliche Universität. Ein botanischer Garten sollte auch dazugehören. Was der Zeit getrotzt hat, ist ein intimer Ort, still und gelassen, mit altem Baumbestand, einem Teich und ein paar Bänken (▶ S. 14).

lenzinitiative aufgenommen wurden, und sie ist nach Paris die einzige französische Universität, die sich unter den 100 besten Hochschulen weltweit platzieren konnte (Shanghai-Ranking). Ein Fünftel der Studierenden stammt aus dem Ausland. Historisch geht die Universität auf den Humanisten Johannes Sturm zurück.

Vor dem Universitätspalais erinnert ein Denkmal aus dem Jahr 1904 an Goethes Studienzeit 1770–1771 in Straßburg. Der 21-jährige Student der Rechtswissenschaft bewohnte das Haus mit der Nr. 36, rue du Vieux-Marché-aux-Poissons, wo ein Bronzemedaillon an den berühmten Mieter erinnert.

Neustadt | Tram: Université oder Observatoire | www.unistra.fr

⭐ Place de la République mit Totenmonument ⚓ D 3

Der ehemalige Kaiserplatz und heutige Place de la République bildet das architektonische Herz des knapp 400 Hektar großen neuen Stadtteils, der um die Wende zum 20. Jahrhundert entstand, nach Plänen des Straßburger Architekten J. G. Conrath. Die verschiedenen Prachtbauten am Kaiserplatz – der Kaiserpalast, das Innen- und das Finanz-

ministerium, die Universitätsbibliothek und der ehemalige Landtag (heute Nationaltheater) – bildeten seinerzeit das Machtzentrum Elsass-Lothringens. Das Totendenkmal in der Mitte des Platzes schuf der Bildhauer Léon-Ernest Drivier. Seit 1936 erinnert es an dieser Stelle an die Gefallenen des Ersten Weltkriegs. Die ihre Söhne beweinende Mutter ist eine Allegorie der Stadt Straßburg. Von den Söhnen auf ihren Knien kämpfte der eine für Deutschland, der andere für Frankreich. Im Tode reichen sie sich die Hände. Das Denkmal versinnbildlicht das Trauma der elsässischen Bevölkerung, die immer wieder Opfer deutsch-französischer Kriege war.

Neustadt | Tram: République

❽ Planetarium und Sternwarte ⚓ F 4

Hermann Eggert errichtete 1881 die mit einer Kuppel ausgestattete Sternwarte in Verlängerung des alten Universitätscampus'. Reliefs und allegorische Köpfe schmücken das 24 m hohe Gebäude inmitten des Botanischen Gartens. Die mit Zink verkleidete drehbare Kuppel ruht auf eisernen Bogenträgern und lässt sich bei Bedarf öffnen. Der Sandsteinsockel wiegt fünf Tonnen, er sorgte schon damals für Stabilität auch gegen geringste Erschütterungen: Nicht weit entfernt fuhr früher die Straßenbahn vorbei.

Neustadt | 13, rue de l'Obervatoire | Tram: Observatoire, Bus: Observatoire oder Arnold | Tel. 03 68 85 24 50 | www.planetarium.unistra.fr | während der Schulzeit Mo, Di, Do, Fr 9–12 und 14–17 Uhr | Eintritt 5,60 €, Kinder bis 16 Jahre 3,15 € | Reservierung empfohlen

Die Fresken in der Kirche Saint-Pierre-le-Jeune (▶ MERIAN TopTen, S. 87) stammen zum Teil aus dem Hochmittelalter. Motive und Darstellungsformen spiegeln den Zeitenwandel wider.

9 Saint-Paul E3

Die von der Evangelisch-reformierten Kirche Elsass und Lothringen (EPRAL) genutzte Kirche wurde 1892–1897 als neugotische Garnisonskirche errichtet. Sie besitzt zwei 78 m hohe Türme und wirkt aufgrund der 19 Eingänge ungewöhnlich breit: Je nach militärischer Rangordnung wurden die Zugänge und Sitzplätze gesondert ausgewiesen. Die Hauptorgel, erbaut von Eberhard Friedrich Walcker (1794–1872), ist eine der größten Orgeln Ostfrankreichs.

Neustadt | 1, pl. du Général Eisenhower | Bus: Brant oder Université | www.eglise-saint-paul.fr

6 Saint-Pierre-le-Jeune Protestant C3

Der Kirchenraum von Saint-Pierre-le-Jeune ist über und über mit Wandmalereien bedeckt, die ältesten aus der Zeit um 1200. Das filigrane Bauwerk wurde ab 1031 anstelle einer merowingischen Kapelle errichtet und von Papst Leo IX., geboren im elsässischen Eguisheim, geweiht. Im 12. Jahrhundert entstand die heutige gotische Kirche. Sehenswert ist auch der Kreuzgang (1160), der einzig vollständig erhaltene in Straßburg, an der Nordseite der Kirche. Der untere Teil des Glockenturms und Teile des Kreuzgangs sind aus romanischer Zeit erhalten. Sowohl der bemalte Lettner (1620) als auch die Kapellen stammen aus dem 15. Jahrhundert. Vor Kurzem hat man mit der Restaurierung der Wandfresken begonnen.

Broglie | 3, rue de la Nuée-Bleue | Tram: Broglie | Tel. 03 88 32 41 6 | www.saintpierrelejeune.org | geführte Besichtigung nach Anmeldung Fr 10.30 Uhr

⑩ Synagogue de la Paix und Parc du Contades ⚑ E2

Die von Linden beschatteten Grünflächen hinter der Synagogue de la Paix wurden 1764 auf dem Schießrain, dem Schießübungsplatz, angelegt. Der Name des Parks geht auf den Gouverneur, Louis-Georges de Contades (1704 bis 1795), zurück, dessen Koch die Gänseleberpastete erfand. Die neue Synagoge, ein schlichtes Gebäude im Stil der 1950er-Jahre, wurde 1958 eingeweiht. Die Fassade ziert ein Netz aus eisernen Davidsternen. Die alte Synagoge am Quai Kléber (1898), wo sich heute das Einkaufszentrum Les Halles befindet, war 1940 von den Nationalsozialisten in Brand gesetzt worden.

Das jüdische Gemeindezentrum vereint unter einem Dach die große Synagoge, mehrere kleinere Gebetsräume, ein Jugendzentrum und den jüdischen Sender Radio Judaïca. Die jüdische Gemeinde zählt mit rund 15 000 Mitgliedern zu den größten Frankreichs. Viele Familien leben auch im Viertel rund um die Synagoge.

Neustadt | 1a, rue René Hirschler | Tram: Parc du Contades | Führungen | Tel. 03 88 14 46 50

⑪ Théâtre National de Strasbourg ⚑ D2

Im Gebäude des ehemaligen Landesausschusses für Elsass-Lothringen befindet sich heute das Nationaltheater. Es wurde nach Plänen von August Hartel und Skjold Neckelmann errichtet, 1892 fertiggestellt und diente im Zuge zunehmender Selbstverwaltung des neu gebildeten Reichslandes Elsass-Lothringen als repräsentativer Versammlungsort.

Neustadt | Pl. de la République | Tram: République | www.tns.fr

MUSEEN UND GALERIEN

⑩ **Musée Tomi Ungerer** ▶ S. 113
⑫ **Musée Zoologique** ▶ S. 114

ESSEN UND TRINKEN

RESTAURANTS

⑬ Les Sales Gosses ⚑ D2

Innovative Küche – Mal bestimmen kreolische, mal indische Einflüsse die Karte. Worauf Verlass ist: frische Qualität und engagierter Service. Unbedingt reservieren.

Neustadt | 56, bd. Clémenceau | Bus: Palais des Fêtes | Tel. 03 88 25 55 44 | www.restaurantlessalesgosses.com | Mo–Fr 12–13.45, Mo–Sa 19–21.45 Uhr | €€

⑭ Pont des Vosges ⚑ E3

Unter Stammgästen – Küche und Service im Pont des Vosges stehen für unaufgeregte Qualität. Nicht nur Politiker und Geschäftsleute schätzen das Lokal im Brasserie-Stil als einen diskreten Treffpunkt.

Neustadt | 15, quai Koch | Tram: Gallia, Bus: Pont des Vosges | Tel. 03 88 36 47 75 | www.lepont-des-vosges.fr | Mo–Sa 12–14, 19–21.30 Uhr | €–€€

CAFÉS

⑮ Café Broglie ⚑ D3

Die Brasserie im Art-déco-Stil ist ein beliebter Treffpunkt an der Place Broglie. Ein Plus ist zu jeder Tageszeit die Sommerterrasse im Wintergartenstil. Donnerstags steht regelmäßig zum Apéro Jazz-Musik auf dem Programm.

Broglie | 1, rue du Dôme | Tram: Broglie | Tel. 03 88 32 08 08 | www.broglie.fr | Mo–So 7–21 Uhr, Jazz am Do ab 18 Uhr

16 Café de l'Opéra D 3

Vor oder nach dem Opernbesuch lässt es sich bei einem Glas Crémant besonders gut plaudern. Sonntags Brunch ab 11 Uhr.

Broglie | 19, pl. Broglie | Tram: Broglie | Tel. 03 88 22 98 51 | Mo–Do 12–3, Fr und Sa 12–4, So 14–20 Uhr

17 Pâtisserie Barthélémy D 3

Pâtisserie und Pralinen gehören zum Besten, was Straßburg in dieser Hinsicht zu bieten hat. Der Salon de thé eignet sich für eine Auszeit bei der Stadtbesichtigung.

Broglie | 9, pl. Broglie | Tram: Broglie | Tel. 03 88 32 72 70

EINKAUFEN

LEBENSMITTEL

18 Artzner ▶ S. 36

MÄRKTE

19 Wochenmarkt G 4

Der beliebte Wochenmarkt Marché du Boulevard de la Marne bietet von Trüffeln bis zum Zicklein eine umfassende Auswahl an Lebensmitteln, darunter auch Bio-Kost direkt vom Bauern aus dem Umland, oder türkische und asiatische Produkte, Korbwaren und Küchenartikel.

Neustadt | bd. de la Marne | Bus: Marne | Di und Sa 7–13 Uhr

KULTUR UND UNTERHALTUNG

KONZERTE UND OPER

20 Opéra National du Rhin ▶ S. 40

THEATER UND TANZ

21 Théâtre Alsacien ▶ S. 41

22 Théâtre National de Strasbourg (TNS) ▶ S. 41

Jüdisches Gemeindezentrum und Synagoge (▶ S. 88) stammen aus den 1950er-Jahren. Eine der größten jüdischen Gemeinden Frankreichs sorgt für ein lebendiges Miteinander.

Im Fokus
Deutsch-französische architektonische Begegnung

Deutsche Architektur in einer französischen Großstadt:
Die steinernen Zeugnisse der Geschichte spiegeln die Jahrhunderte
bis in die Gegenwart, wie Zwiebelschichten der Erinnerung, die
sich der Besucher nach und nach anzueignen versteht.

Ein Handwerker hat die Tür zum Flur offen stehen lassen. Als sei die Zeit stehen geblieben, kitzeln Staubpartikel und Farbgeruch in der Nase. Kleeblätter ranken auf hellgrünen Fliesen bis zu einer stuckverzierten Gewölbedecke empor. Dort, wo sich die Treppe in dem alten Straßburger Haus nach oben windet, dringt Morgenlicht durch blau, gelb, grün, rot bemaltes Glas. Das Fenster zeigt ein beruhigendes, ein ländliches Elsass. »Sehen sie, wie schön das Reliefglas gearbeitet ist«, ruft Elisabeth Paillard aus, »und wie das Linoleum an den Wänden erhalten ist!«

PIONIERGEIST IM REICHSLAND ELSASS-LOTHRINGEN

Elisabeth Paillard, eine Straßburger Historikerin, steht in der Rue du Général de Castelnau, Hausnummer 22. Schlank und kühn ragt das Eckgebäude in die Höhe. Die Fenster sehen wie von Zweigen umrankt aus.

◄ Postkarte mit Palais du Rhin (rechts) und
Münster (links; ► MERIAN TopTen, S. 56).

1901 haben zwei junge deutsche Architekten das Haus im Stil des Art Nouveau geplant. Heinrich Backes und Franz Lütke stellten mit diesem Gebäude ihr Können unter Beweis. Auf den Etagen über den Büros erstreckten sich herrschaftliche Wohnungen mit bis zu zwölf Zimmern. Unten im Erdgeschoss erinnern riesige Fenster auch heute an die großzügigen Büros der beiden. Der Pioniergeist hatte sie nach Straßburg gelockt, damals seit 1871 die Hauptstadt des Reichslandes Elsass-Lothringen. Wo Elisabeth Paillard nun bröselnden Putz über dem Linoleum begutachtet, verlässt ein Maler die Wohnung im ersten Stock. Eine Immobilienfirma hat das Jugendstilhaus gekauft und lässt es von Grund auf sanieren. »Leider werden solche Gebäude nur allzu leicht zu Spekulationsobjekten«, sagt Paillard mit einem Seufzer. Es drängt sie weiter auf der Suche nach noch mehr Details aus vergangenen Epochen.

ARCHITEKTONISCHES ERBE DOKUMENTIEREN

Elisabeth Paillard gehört einer Arbeitsgruppe der Straßburger Denkmalpflege an, die einer besonderen Aufgabe nachgeht. Historiker, Archivare und Fotografen erfassen Haus für Haus und Straße für Straße das Kulturerbe der Region Elsass. Sie beschreiben, dokumentieren und analysieren, damit nicht in Vergessenheit gerät, wie Gebäude, Landschaften und Industrieanlagen entstanden sind, und wie sie heute aussehen. In Straßburg durchkämmen sie sämtliche Straßenzüge, die zur Zeit des Reichslandes außerhalb der Ill entstanden sind: die Neustadt. Wenn ihre Arbeit abgeschlossen ist, wird ein Gebäudeensemble aus der Zeit der Jahrhundertwende erfasst sein, das abgesehen von Berlin als wohl das größte erhaltene der deutschen Kaiserzeit gilt. Auch in Städten wie Mainz, Köln und Dresden wurde damals mit Verve gebaut. In den beiden Weltkriegen des 20. Jh. wurden Wohnhäuser, Kirchen, Villen, die damals neu gebaute Universität und die Bibliothek kaum zerstört.

DIE NEUSTADT ALS WELTKULTURERBE?

Die Inventarisierung mehrerer Tausend Gebäude dient unmittelbar als Grundlage für den Denkmalschutz. Da sich Straßburg um die Aufnahme der Neustadt in das Weltkulturerbe der UNESCO bewerben will, wird das Inventar auch dafür Argumente liefern. Die Altstadt hat diesen Status bereits 1988 erreicht. Der Erweiterung Straßburgs um ein neues Stadtviertel lag nach dem Frankfurter Frieden vom Mai 1871 die Vision eines Mannes zugrunde. Otto Back war 1873 in Straßburg zunächst als Bürgermeistereiverwalter eingesetzt, 1886 dann jedoch auch zum Bürgermeister gewählt worden. 1878 hatte Back zwei konkurrierende Entwürfe in Auftrag gegeben: Jean-Geoffroy Conrath, ein Elsässer, der seit Mitte des Jahrhunderts Straßburger Stadtplaner war, und August Orth, ein Architekt aus Berlin, traten in den Wettstreit.

Den Zuschlag erhielt Conrath, ein Schüler des berühmten Haussmann, der Frankreichs Hauptstadt Mitte des 19. Jh. durch großflächigen Abriss und Neubau ihr bis heute gültiges Gesicht verliehen hatte. Um in Straßburg Neues zu schaffen, konnte Conrath hingegen viel ungenutztes Land gestalten. Eine Ausnahme bildeten Teile des alten, vom Baumeister Ludwigs XIV., erbauten Festungsrings. Doch die Stadt musste einen Großteil der benötigten Grundstücke erst erwerben und so kaufte Straßburg der Armee Militärgelände im Wert von 17 Millionen Reichsmark für seine Erweiterung ab. Straßburg vergrößerte seine Fläche von 500 Hektar auf die dreifache Größe. Und nicht nur die Stadt wurde als Bauherr aktiv, auch viele Privatleute, reiche Bürger, Unternehmer schickten sich an, den großen Linien der Stadtplanung Genüge zu tun, erwarben Grundstücke und bauten mehrgeschossige Wohnhäuser und stattliche Villen. »Das Straßburger Bürgertum«, sagt Marie Pottecher, Leiterin der Inventarstelle in der regionalen Denkmalschutzbehörde, »brachte den Erweiterungsplänen keineswegs nur Ablehnung entgegen, wie man häufig lesen kann.«

STRASSBURG IST MACHTPOLITISCHER SPIELBALL

Conrath erstellte einen Generalplan. Sein Herzstück war der Kaiserplatz, mit dem heutigen Palais du Rhin und den beiden wichtigsten Ministerien (heute Präfektur und Finanzverwaltung), die Bühne des neuen Straßburgs. Parallel zur Blickachse von 1,5 km Länge zwischen geistiger und politischer Macht, Kaiserpalast und Universität, führte die zweite bestimmende Entwicklungslinie der Stadt an der Avenue de la Forêt Noire/ Avenue des Vosges entlang. Um die neu gegründete Reichsuniversität scharten sich Institutsgebäude, das Observatorium und prachtvolle Professorenvillen, wie jene des Ordinarius' für Geologie, im Stil der Neorenaissance: Ernst Wilhelm Benecke wohnte in der Rue Goethe mit Blick auf den Botanischen Garten.

Die innere Lage im Elsass war vor allem in der ersten Zeit nach dem Kriegsende politisch stark angespannt. Der Kaiser wollte die Integration der neuen Gebiete erzwingen. Das Reichsland Elsass-Lothringen war einer fernen Autorität und der obrigkeitlichen deutschen Verwaltung unterstellt. 10 % der Einwohner, 161000 Menschen stimmten 1872 für die französische Staatsangehörigkeit. In Berlin wollte man den Freiheitswillen der Elsässer nicht verstehen. Frankreich hatte die Gebiete im Frankfurter Frieden zwar vertraglich abgetreten. Aber erst spät gewährte man der Bevölkerung ein Wahlrecht, einen Landtag (heute das Nationaltheater) und ab 1911 eine Verfassung, die allerdings vom Kaiser erlassen worden war. Zur elsässischen Realität unter dem Kaiserreich gehörte auch der Unmut gegen die Deutschen, insbesondere gegen das Militär, das die Bürger seine Machtposition spüren ließ. Das zeigte sich symptomatisch in der sogenannten Zabern-Affäre, die sich im November 1913 zutrug. Ein junger preußischer Offizier hatte die Elsässer in der Garnisonsstadt Zabern, heute Saverne, beleidigt, ja sich als Besatzer aufgespielt. Dagegen begehrte die Bevölkerung, vor allem die Jugend auf.

Unterdessen war Straßburg durch die neue Architektur herausgeputzt worden. Schließlich hatte die preußische Armee auch beträchtliche Schäden angerichtet, etwa bei der Belagerung Straßburgs das Museum der Schönen Künste zerstört und die Bibliothek mit ihrer bedeutenden Sammlung beschädigt, darunter den berühmten Hortus Deliciarum, eine Handschrift aus dem 12. Jh.

PRACHTBAUTEN ZU ALLEN ZEITEN UMSTRITTEN

Die Neustadt erinnert aus heutiger Sicht an ein gigantisches Wirtschaftsförderprogramm: Handwerker und Kunsthandwerker aus dem Elsass und dem Südwesten des Reiches wurden reichlich mit Aufträgen versorgt. Das sollte auch gute Stimmung machen. »Die Verwaltung«, erklärt Elisabeth Paillard, »versuchte ihren Rückhalt in der Bevölkerung zu stärken.« Über die Architektur und ihre Qualität war man schon zur Zeit ihres Entstehens geteilter Meinung. 1908 schreibt ein gewisser Henri Welschinger in einem Buch über Straßburg: »Man sieht deutlich, dass die neuen Architekten die Leidenschaft für das Kolossale und dem auf Neu getrimmten Alten anhängen. Sie rufen Erstaunen hervor, aber sie bezaubern nicht. Ich gäbe diesen ganzen erdrückenden Dekor für ein hübsches Sträßchen. Niemals werden die Störche sich auf solch einschüchternden Bauwerken niederlassen.« Ende der 1950er-Jahre wurde sogar laut darüber nachgedacht, ob man das Palais du Rhin, den ehemaligen Kaiserpalast, nicht abreißen solle, um ein großzügiges Verwaltungsgebäude an seine Stelle zu setzen. Ein Beamter argumentierte dagegen, man werde die Achse der Stadt zerstören, und letztlich setzte sich diese Meinung durch.

EUROPÄISCHES VIERTEL ⭐

Wo sonst erlebt man die Hüter der Demokratie bei einem Spazier-
gang? Ob Europaparlament oder Europäischer Gerichtshof für
Menschenrechte: Die europäischen Institutionen prägen Straßburgs
neuere Geschichte und den Alltag der Stadt.

Ein Straßburg-Besuch gleicht auch einer Zeitreise in Sachen Architektur.
Wer sich aus der Altstadt in Richtung Europa-Viertel bewegt, verlässt den
mittelalterlich anmutenden Altstadtkern und die Renaissance und nähert
sich vorbei an der Baukunst von 18. und 19. Jh. einer Ballung neuerer
Architektur im europäischen Viertel. Dass diese Gebäude ausgerechnet
in Straßburg entstanden sind, hat seinen Grund. Politische Ausstrahlung
verlangt nach einer entsprechenden Hülle. So beheimatet Straßburg seit
1949 den **Europarat**, offiziell seit 1999 das **Europäische Parlament**.

EUROPAS INSTITUTIONEN IN SPEKTAKULÄRER ARCHITEKTUR

In direkter Nachbarschaft zu Europarat und Parlament haben sich zudem
weitere internationale Institutionen angesiedelt. So befindet sich schräg
gegenüber dem Europäischen Parlament am Ufer der Ill der **Europäische**

◄ Der Europäische Gerichtshof für Menschenrechte (► S. 98).

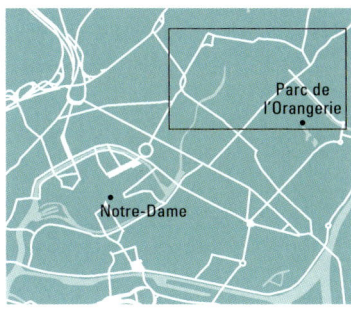

Gerichtshof für Menschenrechte – aus architektonischer Sicht nicht minder ehrgeizig als die Pläne, die das Gericht selbst verfolgt: Dem einzelnen Bürger eine letzte übergeordnete Instanz zu sein, die er anrufen kann, wenn die Rechtsmittel im eigenen Land ausgeschöpft sind. Konsulate und Auslandsvertretungen sind an ihren Flaggen zu erkennen. Auf dem Weg aus der Altstadt in das Europaviertel sind sie kaum zu übersehen. Sie haben sich in Straßburg vorzugsweise zwischen der wilhelminischen Neustadt und den europäischen Institutionen in der Nähe der Orangerie angesiedelt. Mit 46 Botschaften und 30 Konsulaten ist Straßburg Frankreichs zweitwichtigste **Diplomatenstadt**.

Unter den europäischen Institutionen findet sich auch eine weitgehend Unbekannte, die deshalb jedoch nicht minder bedeutend ist: Die europäische Arzneimittelkommission, deren Mitarbeiter europaweit gültige Qualitätsstandards für Medikamente sowie für Blut- und Organtransplantationen festlegen.

Den vielleicht schönsten Straßburger Park, die **Orangerie**, schätzen Menschen jeden Alters und zu jeder Jahreszeit für eine Auszeit. Wochentags am Morgen finden sich stille Ecken. Sonntags stellt sich auf den weitläufigen Wegen ein großstädtisches Treiben ein: Jogger, Familien beim Picknick, Kinder auf den Spielplätzen und beim Mini-Zoo, Liebespaare an schattigen Plätzen. Und wenn die Temperaturen steigen, bilden sich Menschentrauben an den Eisbuden.

EUROPÄISCHE WERTE VON BILDHAUERN INTERPRETIERT

Was auffällt, ist die große Zahl von **Außenskulpturen** auf den Vorplätzen und Grünanlagen der Institutionen. Oft handelt es sich um Schenkungen einzelner Nationen. Die Künstler haben sich bei jeder der plastischen Arbeiten mit Themen und Werten auseinandergesetzt, für die Straßburgs Institutionen stehen – Menschenrechte oder Demokratie.

Besuchergruppen sind zu jeder Straßburger Sitzungswoche im Europäischen Parlament willkommen. Einmal pro Jahr lädt das Parlament auch zu einem Tag der offenen Tür ein.

SEHENSWERTES

1 **Arte**   F1

Der europäische Kulturkanal Arte ging 1992 erstmals auf Sendung. Seine finanzielle Existenz sichert ein deutsch-französischer Staatsvertrag. ARD und ZDF auf deutscher und La Sept auf französischer Seite teilen sich die Produktionskosten von jährlich 424 Milli-onen Euro. Auch wenn die Einschalt-quoten des Kultursenders bei Weitem nicht an die Marktführer in Frankreich und Deutschland heranreichen, ist der deutsch-französische Sender heute aus der Fernsehlandschaft nicht mehr weg-zudenken. Denn er bietet den Bürgern beider Länder ein gemeinsames Quali-tätsprogramm, das in beiden Sprachen

zugänglich ist. Und nicht nur in Frankreich und Deutschland hat der Sender seine Nische gefunden. Bei Koproduktionen werden auch regelmäßig Fernsehanstalten anderer europäischer Länder eingebunden.

Erst 2003 wurden sämtliche Arbeitsbereiche in einem Gebäude am Quai Chanoine Winterer untergebracht. Der Entwurf stammt von den Architekten Hans Struhk und Maechel/Delaunay/Jund. Der drei Meter hohe, mit Bronze überzogene »Giraffenmann« vor dem Haupteingang ist ein Werk des deutschen Bildhauers Stephan Balkenhol.

ARTE G.E.I.E. | 4, quai du Chanoine Winterer | Bus: Orangerie, Tram: Parlement Européen | www.arte.tv

❷ Europa-Besucherzentrum Lieu d'Europe ◣◢ H1

Nützliche Informationen über alle in Straßburg angesiedelten internationalen Institutionen – beispielsweise über das Eurokorps und die Zentralkommission für die Rheinschifffahrt – bietet das Europäische Informationszentrum. Seit Mai 2014 befindet es sich im neuen Straßburger Europa-Besucherzentrum Lieu d'Europe. Dort ist auch eine informative Ausstellung über Straßburgs Geschichte, die Entstehung der Europäischen Union und die verschiedenen europäischen Institutionen zu sehen.

1, allée Kastner | Tram: Robertsau-Boecklin | Tel. 03 68 00 09 10 | http://de.strasbourg-europe.eu und http://lieudeurope.strasbourg.eu | Di–So 10–18 Uhr

❸ Europäischer Gerichtshof für Menschenrechte ◣◢ H1

Häufig wird der Europäische Gerichtshof für Menschenrechte (EGMR) in Straßburg mit dem Europäischen Gerichtshof (EuGH) verwechselt. Letzterer hat als höchste richterliche Instanz der Mitglieder der Europäischen Union seinen Sitz in Luxemburg. Der Straßburger Gerichtshof ist für Verfahren gemäß der Europäischen Menschenrechtskonvention zuständig und damit ein zentrales Organ des Europarats. Seit 1998 tagt der EGMR ganzjährig und ist für Einzelanträge von Bürgern aus den 47 Mitgliedsländern zuständig. Sein Präsident ist seit 2012 der Luxemburger Dean Spielmann.

Das lang gestreckte Gebäude ist an zwei glänzenden Zylindern aus Edelstahl leicht zu erkennen. Aus der Luft betrachtet hat es die Form einer Waage, Symbol der Gerichtsbarkeit, an deren Enden die beiden Sitzungssäle in der Luft zu schweben scheinen. Das Gebäude wurde 1995 eingeweiht. Entworfen hat es der britische Architekt und Pritzker-Preisträger Richard Rogers, der auch für den Neubau auf dem Gelände von Ground Zero in New York verantwortlich zeichnet.

Rue Boecklin | Tram: Droits de l'Homme | www.echr.coe.int | Einzelpersonen und Schüler ab 16 Jahren nach Reservierung Tel. 03 88 41 20 18

❹ Europäisches Parlament ◣◢ F1

Der futuristische Glaspalast an der Ill, konzipiert von Architecture Studio, einem Pariser Architektenteam, manifestiert das Bekenntnis Frankreichs zu Europa und zum Sitz des Europäischen Parlaments in Straßburg. Dieser Status ist seit 1999 vertraglich für die Europa-Metropole festgelegt. Fester Bestandteil der Parlamentsarbeit sind seit Jahren die – bislang vergeblichen – Bestrebungen einiger Fraktionen gegen den Verbleib des Parlaments in Straßburg. Für jeweils vier Tage pro Monat kommen die Vertreter der 28 Mitgliedsstaaten in Straßburg zusammen. Sechs zweitägige Plenartagungen finden in Brüssel statt, das Generalsekretariat befindet sich in Luxemburg. Assistenten, Abgeordnete, Dolmetscher und EU-Beamte ziehen für jede der zwölf Sitzungswochen von Brüssel an die Ill um.

Dann stehen 220 000 qm Fläche für die Parlamentarier und ihr Personal zur Verfügung. Außerhalb dieser geschäftigen Phasen stehen die Räume meist leer. Neben dem Plenarsaal verfügt das Parlamentsgebäude über 18 kleinere Säle und 1133 Büros. Benannt ist es

Im Europäischen Parlament (▶ MERIAN TopTen, S.98) befindet sich der größte Plenarsaal Europas. Im 60 m hohen verglasten Turm liegen auf 17 Etagen 1133 Büroräume.

nach der 1893 im Elsass geborenen Widerstandskämpferin, Journalistin und Frauenrechtlerin Louise Weiss, die von 1979 bis zu ihrem Tod 1983 Abgeordnete und erste Alterspräsidentin des Europäischen Parlaments war. Eine überdachte Glasbrücke führt zu weiteren Gebäuden am gegenüberliegenden Ufer.
Allée du Printemps | Tram: Parlement Européen | Tel. 03 88 17 51 84 | www. europarl.de | Teilnahme an Plenarsitzungen für jeweils eine Stunde für Einzelpersonen ab 14 Jahren möglich, sonst nur Gruppenbesichtigungen nach schriftlichem Antrag (Ausweis nicht vergessen!)

5 Europarat I ⚑ G2

Die Wahrung der Menschenrechte, die Förderung der Demokratie – das hatten sich die Gründerväter des Europarats (Conseil de l'Europe) 1949, also wenige Jahre nach dem Ende des Zweiten Weltkriegs zum Ziel gesetzt. Heute ist der Rat die älteste und größte Staatenorganisation Europas, zwar mit beschränkter Macht, aber mit Autorität in Sachen Rechtsstaatlichkeit. 1951 wurde die Bundesrepublik Deutschland als Vollmitglied aufgenommen, ein wichtiger Schritt hin zur Mitgestaltung eines freien Europas. Von ursprünglich 12 ist die Staatenorganisation auf heute 47 Mitgliedsländer angewachsen. Auch die Schweiz, Island, Serbien, die Türkei, Russland und Georgien gehören ihr an. Mit mehr als 2000 Angestellten ist der Europarat ein wichtiger Arbeitgeber. Die Parlamentarische Versammlung mit 600 Delegierten tritt viermal im Jahr zusammen. Das Palais de l'Europe wurde 1972–1977 nach einem Entwurf des französischen Architekten Henry

Der Parc de l'Orangerie (▶ MERIAN TopTen, S. 101) geht auf die Zeit Ludwig XIV. zurück. Heute erweitern Wasserspiele, ein See zum Bootfahren und ein Mini-Zoo das Erholungsangebot.

Bernard erbaut. Das erhöht gelegene Gebäude mit seiner an eine Festung erinnernden Fassade ruht auf einem Fundament aus rotem Vogesensandstein.

Conseil de l'Europe | Av. de l'Europe | Tram: Droits de l'Homme | www.coe. int | Führungen und Studienprogramme ab 15 Personen | keine Führungen während Parlamentarischer Versammlungen im Jan., April, Juni und Sept. und nur mit Reservierung Tel. 03 88 41 20 29

⑥ Europarat II: Agora ⚑ H1

Als dem Europarat nach dem Mauerfall 22 neue Mitglieder beitraten, wurde ein neues Gebäude in Auftrag gegeben. Sein Name, das altgriechische Wort Agora, bedeutet so viel wie offener Versammlungsplatz. Der Entwurf stammt von dem Brüsseler Architekturbüro Art & Built. 2008 wurde es als gelungenste Büroarchitektur ausgezeichnet (MIPIM-Preis). Es überzeugt insbesondere durch seine Energieeffizienz. Spektakulär sind die Aufwindtürme aus Stoff, die für eine natürliche Belüftung der beiden Atrien sorgen.

Allée des Droits de l'Homme (Quai Jacoutot) | Tram: Droits de l'Homme | www.coe.int

⑦ Maison de la Région ⚑ F 1

Unweit des Europäischen Parlaments und in Nachbarschaft zum Messegelände Wacken befindet sich seit 2005 der Sitz des elsässischen Regionalparlaments, des Rates der Region Elsass. Im Gebäude befinden sich ein Plenarsaal und Verwaltungsräume. Die französischen Regionen besitzen keine Gesetzgebungskompetenz, sie verfügen jedoch über ein staatlich zugeteiltes Budget, das sie unter anderem in Bildung, Wirtschaftsförderung und Infrastruktur investieren.

1, pl. Adrien Zeller | Tram: Wacken | www.region-alsace.eu

⑧ Parc de l'Orangerie ⚑ G 2

Nicht nur Abgeordnete und Angestellte der europäischen Institutionen finden den Weg in eine der schönsten Parkanlagen der Stadt. Für einen sonntäglichen Ausflug ins Grüne, Joggen und Spaziergänge ist er bei vielen Straßburgern die erste Wahl: weitläufig, grün und mit elegantem Flair. Die 26 Hektar große Anlage wurde im 17. Jh. nach einem Plan des Gartenarchitekten König Ludwig XIV., André Le Nôtre, angelegt. Den Namen erhielt der Park während der Französischen Revolution, als Straßburg 140 Orangenbäume des Grafen Johann Reinhard III. von Hanau-Lichtenberg bei Schloss Bouxwiller konfiszierte. 1807 entstand der von Blumenbeeten umgebene Pavillon, benannt nach Kaiserin Joséphine de Beauharnais, der Gattin Napoleon Bonapartes. Anlässlich der Internationalen Industrieausstellung 1895 wurde die Parkfläche verdoppelt und unter anderem das Buerehiesel, ein Bauernhaus aus Molsheim, in dem

Rund um das Schloss der Prinzessin ⑥

Das Schloss von Prinzessin Mélanie de Pourtalès ist ein wenig pompös. Der Landschafts- und Skulpturenpark, der es umgibt, steckt voller Überraschungen (▶ S. 14).

sich heute ein gehobenes Restaurant befindet, in den Park verlegt. Außerdem wurden Wasserspiele, Fontänen und Bäche angelegt.

Zur Orangerie gehören auch ein See, auf dem man Ruderboot fahren kann, eine Storchenzucht und ein kleiner Zoo mit Affen, Papageien, Flamingos und exotischen Enten.

Av. de l'Europe | Tram: Droits de l'Homme

⑧ Skulpturen im Europaviertel ⚑ H 1

Skulpturen, Gedenksteine und ein Teil der Berliner Mauer haben das Europaviertel im Laufe der Jahre in eine Kunstlandschaft verwandelt. Ein Rundgang könnte vor dem Europarat beginnen. Dort steht auf der linken Rasenfläche vor dem Gebäude die bronzene Figurengruppe des spanischen Bildhauers Mariano González Beltrán. Männer und Frauen leben in Einklang mit den »Menschenrechten«, so der Titel des Werkes von 2005. Nicht weit davon befindet sich eine aus Flammen emporsteigende Silhouette aus elektrolysiertem Kupfer, »Europe«, geschaffen vom Österreicher Rudolf Kedl (1985). Imposante zwei Meter hoch ist Attilio Pierellis »Quadrifoglio«, ein geometrisches, zugleich organisch wirkendes vierblättriges Kleeblatt aus Chrom (1977). Der von Griechenland 1998 gestiftete Bronzeabguss des Gottes Poseidon basiert auf einer Skulptur aus dem Jahr 450 v.Chr. 1928 wurde sie in der Ägäis geborgen und stammt vermutlich vom attischen Bildhauer Calamis. Das Original ist heute im Archäologischen Nationalmuseum in Athen zu besichtigen. Am Ende des Vorplatzes am Europarat drückt die Skulptur »Interpenetration« (1979) des luxemburgischen Bildhauers Lucien Wercollier (1908–2002) die Spannung eines sich immer wieder neu findenden Gleichgewichts aus.

Unsere Aufmerksamkeit verdienen auch zwei Gedenksteine vor dem Europarat. »Aux victimes de la faim«, den Opfern des Hungers, ist der eine gewidmet, entstanden 1987. Er befindet sich am Fuße der Haupttreppe. Den Opfern des Holocaust in Auschwitz gedenkt der andere (2005) am oberen Ende der Treppe.

Deutschland schenkte dem Gericht 1989 ein Teilstück der Berliner Mauer. Auf der Rasenfläche am Haupteingang des Gerichtshofes erinnert es an die Werte von Freiheit und Selbstbestimmung. »Die Versteinerten Sieben« (1995) an der Rückseite des Gebäudes sind eine Arbeit des Schweizers Carl Bucher. Die umwickelten Körper sollen die Wirkung physischer und psychischer Gewalt auf ein Individuum zum Ausdruck bringen.

Vor dem Parlamentsgebäude Louise Weiss trifft der Besucher auf Ludmila Tcherinas Bronze »Europa im Herzen«. Ein Blickfang ist die Glaskugel »United Earth« im Eingangshof des Parlaments,

So schön kann ein stimmungsvolles Essen sein: Im Restaurant Buerehiesel (▶ S. 28) weiß man ganz genau, wie man exzellente Speisen stilvoll serviert.

eine Arbeit des polnischen Künstlerpaares Beata und Tomasz Urbanowicz.
Conseil de l'Europe | av. de l'Europe | Tram: Droits de l'Homme

ESSEN UND TRINKEN
RESTAURANTS

9 Buerehiesel ▶ S. 28

10 Du côté de chez Anne 🍴 östl. H 2
Fachwerk mit privater Atmosphäre – Das malerische Restaurant, zu dem auch eine Handvoll behaglicher Gästezimmer unweit von Orangerie und Europäischem Viertel gehören, überzeugt mit einer einfallsreichen, gepflegten Küche. Chefin Anne Gerber legt Wert auf ausgesuchte Zutaten und eine liebevolle Präsentation.
4, rue de la Carpe Haute | Bus: Carpe Haute | Tel. 03 88 41 80 77 | www.du-cote-de-chez-anne.com | Mo–So 12–14.30, Mo–Sa 19–22.30 Uhr | €€

11 Le jardin de l'Orangerie 🍴 H 2
Touristisch – Wenn man vom Seepark auf das Gebäude zugeht, ahnt man es nicht: Unter der großzügigen Terrasse und dem Restaurant verbergen sich eine Bowlinghalle mit 24 Bahnen und ein Billardzimmer mit Bar. Das Restaurant ist mittags und abends geöffnet und bietet sich für eine Erfrischung nach dem Besuch des Europaviertels an.
Parc de l'Orangerie | Tram: Droits de l'Homme | Tel. 03 90 41 68 05 | www.jardinorangerie.fr | tgl. 12–14.30, 19–22 Uhr | €–€€

12 S'Wacke-Hiesel 🍴 nördl. F 1
Einfach und traditionell – Wer die Europäischen Institutionen besucht, aber nicht in der Besucherkantine des Europäischen Parlaments gespeist hat, findet hier eine solide Adresse. Die Karte bietet Traditionelles in guter Qualität und zu freundlichen Preisen.
Pl. de la Foire-Exposition | Tram: Wacken | Tel. 03 88 36 64 75 | www.swacke-hiesel.fr | tgl. 11.45–14.15, 18.30–22 Uhr

CAFÉS

13 Pâtisserie Gerber 🍴 F 3
Alteingesessenes Straßburger Café zwischen Orangerie und Parc du Contades mit feiner Pâtisserie und täglich wechselndem Mittagstisch. Am Wochenende ist ein empfehlenswerter Brunch im Angebot. Die Pralinen und Schokoladen eignen sich gut als Mitbringsel.
28, allée de la Robertsau | Bus: Clinique de l'Orangerie | Tel. 03 88 37 13 95 | www.Pâtisserie-gerber.fr | Mo–Fr 7.30–19, Sa–So 7.30–18 Uhr

EINKAUFEN
BÜCHER

14 Kléber – Librairie du Conseil de l'Europe 🛍 G 2
Der Buchladen im Gebäude des Europarats ist eine Filiale der stets bestens sortierten Straßburger Bundhandlung Kléber. Im Europapalast finden Sie insbesondere Literatur zu den Themen Europa und Menschenrechte.
Av. de l'Europe | Tram: Droits de l'Homme | Tel. 03 88 52 91 20 | www.librairie-kleber.com | Mo–Do 9–16, Sa 10–15 Uhr

KULTUR UND UNTERHALTUNG
THEATER UND TANZ

15 Le Maillon ▶ S. 40

16 Palais de la Musique et des Congrès ▶ S. 40

NICHT ZU VERGESSEN!

Überraschendes bietet Straßburg auch am Rande: Die größte Moschee Ostfrankreichs steht gleichsam Besuchern von außen offen. Le Vaisseau ist ein Science-Center für neugierige Menschen und an die Docks der Médiathèque treibt es beileibe nicht nur Leseratten.

Straßburgs Dimensionen sind besucherfreundlich. Wer gut zu Fuß ist, wird sich die Stadt innerhalb und außerhalb der Ill erlaufen können. Denn auch abseits der bekannten Pfade hat die Stadt Sehenswertes zu bieten. Erstmals in ihrer Geschichte nähert sich Straßburg städtebaulich dem Rhein. Das hatte nicht ausschließlich politische Gründe, weil sich Deutschland und Frankreich immer wieder in Kriegen gegenüber standen. In früheren Jahrhunderten boten die Rheinauen keinen stabilen Baugrund. Straßburgs Herz schlug innerhalb des Rings, den die Ill und ihre Seitenarme bilden. Erst seit wenigen Jahren setzt ein Umdenken ein. In Straßburg werden erschwingliche Wohnungen knapp. Die alte Grenze ist obsolet geworden. Das Hafengelände zwischen Kanal und Rhein kann nun endlich für den Wohnungsbau genutzt werden, und mit der Straßenbahn werden in den kommenden Jahren auch neue Quartiere nahver-

◄ Die Passerelle über den Rhein verbindet
Deutschland und Frankreich (▶ S. 105).

kehrstechnisch erschlossen. Dass man sich am Rhein einfach nur erholen kann, haben die Straßburger so richtig mit der grenzüberschreitenden Landesgartenschau 2004 entdeckt. Jetzt schießen im Hinterland des Rheins die Wohnanlagen aus dem Boden.

STRASSBURG IST OFFEN FÜR KULTURELLE VIELFALT

Ein wenig abseits der Altstadt und dennoch unübersehbar liegt die 2012 eingeweihte Straßburger Moschee, ein Zeichen der gesellschaftlichen Öffnung gegenüber den Muslimen der Stadt. Die aus Straßburger Sicht konsequente Fortsetzung dieser Anerkennung ist der kommunal verwaltete städtische Friedhof für Muslime, der bislang erste und einzige seiner Art in Frankreich.

Zwischen Krutenau und Neudorf hat sich um das Areal an der Presqu'île Malraux aus sanierten Industriegebäuden und architektonisch stimmigen Neubauten seit einigen Jahren ein urbanes Quartier entwickelt. An einem ehemaligen Hafenbecken ist neben der Cité de la Musique et de la Danse (Kultur und Unterhaltung) die ebenfalls sehenswerte **Mediathek André Malraux** entstanden.

SEHENSWERTES

Garten der Zwei Ufer/Jardin des deux Rives ᕯ östl. H 6

Der grenzüberschreitende Landschaftspark ist ein beliebter Treffpunkt für Deutsche und Franzosen. Die weitläufigen Rheinufer laden zu einem Spaziergang ein. Auf deutscher Seite gibt es ein Café mit Spielplatz. Auf französischer Seite darf in den warmen Monaten unter einem Zeltdach bis weit in den Abend getanzt werden. Die elegante Fußgänger- und Radfahrerbrücke verbindet beide Ufer. Sie wurde vom französischen Architekten Marc Mimram entworfen.

Jardin des deux rives | 3, rue des Cavaliers | Bus: Jardin des deux rives

Grande Mosquée ᕯ C 2

Als die Straßburger Moschee im September 2012 in Anwesenheit hoher geistlicher und weltlicher Vertreter eingeweiht wurde, empfanden die Muslime der Stadt und des Elsass dies als Zeichen ihrer Anerkennung. Wenige hundert Meter vom Straßburger Rat-

Musette-Walzer in der Sommernacht

Der Ort schlechthin für alle, die in den Paartanz verliebt sind. Hinter der neu gebauten Wohnanlage erwartet sie am französischen Uferpark ein weißes Partyzelt (▶ S. 14).

haus entfernt liegt der imposante Bau mit seiner 20 m hohen Kupferkuppel. »Wir wollten den Straßburgern eine Architektur anbieten, die niemanden vor den Kopf stößt und sich gleichsam auf Augenhöhe mit den anderen Gotteshäusern der Stadt erhebt«, sagt Saïd Aalla, der Präsident der Grande Mosquée. Zehn Millionen Euro kostete das Gebäude. Entworfen hat es der berühmte italienische Architekt Paolo Portoghesi. Finanziert wurde es zu einem Drittel aus öffentlichen Kassen. Jeweils ein weiteres Drittel brachten die Gemeindemitglieder sowie Geldgeber aus Marokko, Saudi-Arabien und Kuweit auf. Bis es soweit war, waren große Anstrengungen und Geduld nötig. Auf zwei Ebenen stehen jetzt 1300 Quadratmeter für die täglichen Gebete und die wichtigen Feste des muslimischen Kalenders zur Verfügung. Männer und Frauen beten unter einem Dach, die Frauen auf einer Empore. Ein blaues Mosaikfries aus 500 000 Steinchen schmückt die Wände. Von außen fallen die weit ausschweifenden Zacken der Architektur ins Auge. Auf ein Minarett musste die Gemeinde zunächst verzichten. Vor 2008 hatte ihnen das der Gemeinderat versagt. Später waren die Planungen zu weit fortgeschritten, die Finanzierung schwierig.

Im Liegestuhl auf der Halbinsel Malraux

Sobald es wärmer wird, werden Liegestühle ausgepackt, Bagger schütten Sand auf. Straßburg wird zum Sommerstrand, ein Minzewasser ist jetzt genau das richtige (▶ S. 15).

6, rue Averroès | Bus: Lycée Pasteur | www.mosquee-strasbourg.com

Le Vaisseau 🧍 F 4

Das Science-Center für Kinder zwischen drei und 15 Jahre hat sich der Vermittlung von Wissen aus Natur, Medien, Umwelt und Technik verschrieben. Das gesamte Angebot ist auch für deutsche Besucher verständlich. Ideal auch bei schlechtem Wetter.

Esplanade | 1 bis, rue Philippe Dollinger | Tram: Winston Churchill | Tel. 03 88 44 65 65 | www.levaisseau. com | Di–So 10–18 Uhr | Erw. 8 €, 3–18 Jahre 7 €, Sa 6 €, nach 16.30 Uhr 3 €

Médiathèque André Malraux E 6

Die neue Straßburger Mediathek auf einer Insel in einem ehemaligen Hafenbecken wurde 2008 eingeweiht und nach dem Schriftsteller und französischen Kulturminister Malraux benannt. Sie ist ein gelungenes Beispiel für die Sanierung eines brachliegenden Industriegebäudes des 19. Jh. Dafür verwendeten die Architekten so viel alte Bausubstanz wie möglich. Der Raumeindruck innen ist entschieden modern. Auf sechs Etagen macht die Médiathèque, die größte kommunale Bibliothek Ostfrankreichs, 160 000 Medien zugänglich. Regelmäßig Ausstellungen und Lesungen.

Neudorf | 1, presqu'île Malraux | Tram: Étoile Bourse oder Winston Churchill | Tel. 03 88 45 10 10 | www. mediatheque-cus.fr

Parc de la Citadelle G 5

Die Grünanlage am Rande des modernen Esplanade-Viertels entstand um

Die futuristische Médiathèque André Malraux (▶ MERIAN TopTen, S. 106) befindet sich im neu gestalteten Hafenviertel: ein Ort für Ausstellungen, Lesungen und Kultur.

ein Kernstück des Straßburger Befestigungsgürtels, den Vauban in den Jahren 1682 bis 1684 aufschütten ließ. Erhalten geblieben sind der Hauptwall der Zitadelle und das dreieckige Vorwerk. Der Park ist schön am Kanalufer gelegen, von wo aus man die dort liegenden Flussschiffe beobachten kann. Außerdem gibt es für jedermann nutzbare Sportgeräte.

Esplanade | Rue de Boston | Tram: Winston Churchill

KULTUR UND UNTERHALTUNG

KINO

UGC Ciné-Cité 　　　　　📖 F 6

Wer deutsche Multiplex-Kinos ablehnt, könnte hier angesichts der Filmauswahl mit dem Typus futuristischer Großkinos versöhnt werden. In 22 Kinosälen, ausgestattet mit modernster Technik und insgesamt 5400 Sitzplätzen, sind alle Facetten des Films zu sehen, vom französischen Autorenkino über Mainstreamstreifen aus Hollywood bis hin zu Filmen in der Originalfassung. Mit Café/Bistro und eigenem Parkhaus.

Neudorf | 25, route du Rhin | Tram: Étoile Polygone | www.ugc.fr

KONZERT UND OPER

Cité de la Musique et de la Danse
▶ S. 39

ROCK, POP UND JAZZ

La Laiterie ▶ S. 41
Le Cheval Blanc ▶ S. 41
Zénith ▶ S. 41

THEATER UND TANZ

Pôle Sud ▶ S. 41

MUSEEN UND GALERIEN

Das Repertoire der Straßburger Museen reicht von der Vorgeschichte über elsässische Traditionen und Handwerk bis zur Gegenwartskunst. Details zur Straßburger Stadtgeschichte finden sich im Historischen Museum.

Jeder Museumsbesuch sollte idealerweise auf eine Reise entführen. In Straßburg haben sich das elf städtische Museen zur Aufgabe gemacht. Die meisten befinden sich in der Nähe des Straßburger Münsters. Im Untergeschoss des Palais des Rohan an der Place du Château zeigt das Musée Archéologique Ausgrabungsfunde ab der Ur- und Frühgeschichte. Das Musée des Beaux-Arts und das Musée des Arts décoratifs belegen die oberen Etagen des Palais. Nebenan beheimatet das Gebäude der Münsterbauhütte (Liebfrauenwerk) das Musée de l'Œuvre Notre-Dame. Das Kupferstichkabinett (Cabinet des Estampes) ist auf Anfrage zu besichtigen.

GESCHICHTE ANSCHAULICH VERMITTELT

Nur wenige Gehminuten von hier entfernt liegt das Historische Museum im einstigen Gebäude der Metzgerinnung. Es widmet sich den verschie-

◀ Skulptur vor dem Musée d'Art Moderne et
Contemporain (▶ S. 111): Kunst zum Anfassen.

denen Epochen der Stadtgeschichte bis in die jüngere Zeit. Schräg gegenüber, am äußeren Ufer der Ill, liegt am Quai Saint-Nicolas das Musée Alsacien. Zurück auf den zentralen Platz der Innenstadt, die Place Kléber. Hier befindet sich in der im klassizistischen Stil erbauten ehemaligen Hauptwache, der Aubette, ein avantgardistisches Gesamtkunstwerk der 1920er-Jahre. Dessen Schöpfer hatten es sich zum Ziel gesetzt, den »Menschen in die Malerei zu stellen, anstatt davor«. Drei weitere Museen liegen immer noch nahe der Ill: das Musée d'Art Moderne, das Musée Tomi Ungerer und das Musée Zoologique. Beim jüngsten Neuzugang der Straßburger Museumslandschaft handelt es sich schließlich um eine Privatgründung: Unweit des Hauptbahnhofs hat in einem historischen Wasserturm Ende 2013 das Musée Vodou eröffnet.

MUSEUMSPASS UND MEHR

Für Personen, die während ihres Aufenthalts mehrere der städtischen Museen besuchen möchten, lohnt sich der Museumspass. Wahlweise gewährt er für einen Tag (12 €, erm. 6 €) oder für drei Tage (18 €, erm. 12 €) freien Eintritt in die Straßburger Museen und ihre Sonderausstellungen. Über aktuelle Ausstellungen informiert die Internetseite der Städtischen Museen (www.musees.strasbourg.eu). Wer sich für weitere Museen in der grenzüberschreitenden Region interessiert, kann den Oberrheinischen Museumspass für 290 Museen in Frankreich, der Schweiz und Deutschland erwerben (www.museumspass.com).

MUSEEN

Aubette 1928   ⚑ C3

Der Unterhaltungskomplex mit Ballsaal, gestaltet 1927/28, gilt als Sixtinische Kapelle der Moderne: Das Künstlertrio Sophie Teuber-Arp, ihr in Straßburg geborener Mann Hans Arp und Theo van Doesburg entwarf Bar, Café, Kino und Tanzsaal. Deren Formensprache und Farben sind von der künstlerischen Bewegung De Stijl beeinflusst, wie man sie aus der Malerei Piet Mondrians kennt. Umso größer ist der Kontrast zwischen dem strengen Design der Innenräume im Obergeschoss und der Sandsteinfassade, die unter Louis XV. entstand. Hier nahm der Generalstab bei Tagesanbruch (l'aube) seine Order entgegen.

Der rückwärtige Teil im Stil der Neorenaissance entstand zur Zeit des Kaiserreichs. Während des deutsch-französischen Krieges wurde das Gebäude allerdings bis auf die Fassade größtenteils zerstört und erst später wieder aufgebaut.

Petite France | Pl. Kléber | Tram: Homme de Fer | Mi–Sa 14–18 Uhr | Eintritt frei

Cabinet des Estampes et des Dessins ⚓ D 4

Das Kupferstichkabinett befindet sich in der dritten Etage der ehemaligen Sanitätsakademie, die 1861 zur Zeit des Zweiten Kaiserreichs erbaut wurde. Dort werden mehr als 200 000 Zeichnungen, Lithografien, Radierungen, Kupferstiche und Holzschnitte aus den vergangenen 500 Jahren aufbewahrt. Einen bedeutenden Schwerpunkt der Sammlung bilden das 16. und 17. Jh. mit Arbeiten von Dürer, Brentel, Cranach, Raimondi und Parmigianino.

Münster | 5, pl. du Château | Bus: Sainte-Madeleine | Tel. 03 88 52 50 00 | Besichtigung nach tel. Reservierung | Eintritt frei

Les Secrets du Chocolat ⚓ südwestl. A 6

Das Museum südlich von Straßburg informiert auf originelle Weise über Kakao und dessen Verarbeitung zu Schokolade. Die Ausstellung ist wie eine Entdeckungstour gestaltet, an deren Ende – was sonst! – eine Tafel Schokolade überreicht wird.

Geispolsheim | Rue du Pont du Péage | Bus: Pont du Péage | Tel. 03 88 55 04 90 | www.musee-du-chocolat. com | Jan. Di geschl., sonst Di–Sa 10–18 (Juli, August, Dezember Mo–Sa 9–19), So 14–18 (Juli, August, Dez bis 19 Uhr) | Eintritt 8 €, erm. 6,50 €, Kinder unter 5 Jahren frei

Musée Alsacien ⚓ D 4

Drei Fachwerkhäuser wurden 1902 um einen Innenhof herum für das Elsässi-

sche Museum zusammengefasst. Die ausgestellte Volkskunst war damals Symbol eines erstarkenden Selbstbewusstseins der Bevölkerung in der Zeit des Zweiten Kaiserreichs. Mobiliar, Trachten, Bilder und Werkzeug bilden die Traditionen innerhalb der Region ab. Das Erdgeschoss ist dem Wein- und Ackerbau gewidmet. Zu den schönsten Stücken zählt eine komplette Wohnstube reicher Bauern aus Wintzenheim von 1810. Bescheiden nimmt sich dagegen die Keramik aus Soufflenheim und Betschdorf aus, die bis heute hergestellt wird – allerdings nur noch von wenigen Töpfern der Region Elsass. Religiöse Hinterglasmalerei ist eine elsässische Besonderheit. Kurios wirken die »Mehlkotzer«, Holzmasken mit weit aufgerissenen Mäulern, aus denen im 18. und 19. Jh. das Mehl rann. Die berühmte Kopfbedeckung mit der Schleife, die »Schlupfkapp« ist nur eine Variante unter den Trachten, die sich von einem Dorf zum nächsten unterscheiden konnten.

Krutenau | 23–25, quai Saint-Nicolas | Bus: Corbeau | Mi–Mo 10–18 Uhr | Eintritt 6,50 €, erm. 3,50 €

Musée Archéologique ⚓ D 4

Nach Saint-Germain-en-Laye besitzt Straßburg das wichtigste archäologische Museum Frankreichs. Seine Sammlung umfasst die Perioden von der Vorgeschichte über die Bronzezeit, den Beginn des Christentums bis hin zur Völkerwanderung. Aus der Altsteinzeit (Paläolithikum, 500 000 bis 8000 v. Chr.) stammen Tierfossilien wie ein im Rhein gefundener Mammutkiefer. Objekte aus Wohn- und Grabstätten der Jungsteinzeit (Neolithikum) wurden in der Umgebung von Straßburg entdeckt. Eine bedeutende Sammlung von Votiv- und Grabsteinen aus der römischen Zeit (1.–4. Jh.) wird ergänzt durch Zeugnisse römischer Wohnkultur. Dazu zählen Teile eines Mosaiks aus einer römischen Villa, die 1970 unter dem Münster ausgegraben wurden, kleine Bronzestatuen und eine sehr schöne Vasen- und Glassammlung. Berühmt sind die Mithrasreliefs aus Mackwiller und aus dem Straßburger Vorort Koenigshoffen.

Münster | 2, pl. du Château | Bus: Sainte-Madeleine | Mi–Mo 10–18 Uhr | Eintritt 6,50 €, erm. 3,50 €

Musée d'Art Moderne et Contemporain 📖 B 4

Das Museum hinter der auffälligen Glasfassade am Rande des Petite France zeigt zeitgenössische bildende und grafische Kunst sowie Werke aus dem Bereich Fotografie. Einen der Sammlungsschwerpunkte bilden die Arbeiten von Hans Jean Arp und Sophie Taeuber-Arp.

Dem Straßburger Künstler Gustave Doré, der von 1832 bis 1883 lebte, ist ein eigener Saal gewidmet. Die umfangreiche grafische und fotografische Sammlung kann – sofern sie nicht gerade auf einer Wechselausstellungen präsentiert wird – auf Anmeldung eingesehen werden.

Petite France | 1, pl. Hans Jean Arp | Tram: Musée d'Art Moderne | Di–So 10–18 Uhr | Eintritt 6 €, erm. 3 €

Musée des Arts Décoratifs 📖 D 4

Das Kunstgewerbemuseum im Erdgeschoss des Palais des Rohan zeigt ne-

Einen Eindruck vom Hofleben erhält der Besucher im Musée des Arts Décoratifs (▶ S. 111). Neben fürstlichen Prunkgemächern findet sich hier auch eine berühmte Fayence-Ausstellung.

ben Goldschmiedearbeiten aus dem 16.–18. Jh. die international beachtete Sammlung an Fayencen aus der Manufaktur der Familie Hannong. Der zarte purpurfarbene Blumenschmuck auf weißen Tellern wurde in Straßburg entwickelt und beeinflusste nach 1750 viele Fayencewerkstätten in Europa, bis die Manufaktur im Jahr 1781 spektakulär bankrott ging. Zu sehen sind auch die Prunkgemächer der Straßburger Fürstbischöfe mit dem Schlafzimmer des Königs, in dem nach Versailler Sitte am Morgen und Abend täglich Audienzen stattfanden. Dort hängen auch die Porträts der wichtigsten Rohans, u. a. Louis-René-Edouard (1779–1804), der in die Halsbandaffäre um Königin Marie Antoinette verstrickt war.

Münster | 2, pl. du Château | Bus: Sainte-Madeleine | Mi–Mo 10–18 Uhr | Eintritt 6,50 €, erm. 3,50 €

Musée des Beaux-Arts 🏳️ D 4

Nachdem die von Napoleon begründete Sammlung im deutsch-französischen Krieg bei einem deutschen Bombenangriff größtenteils zerstört worden war, erwarb Wilhelm von Bode, damals Direktor der kaiserlichen Museen in Berlin, zwischen 1889 und 1904 neue Kunstwerke. Und zwar dem enzyklopädischen Anspruch jener Zeit gemäß Werke vom ausgehenden Mittelalter bis zum beginnenden 19. Jh. Vertreten sind deshalb französische, flämische, holländische, spanische und italienische Schulen dieser Jahrhunderte mit Gemälden von Giotto, Botticelli, van Dyck, Rubens, Raffael, Tintoretto, El Greco (Mater Dolorosa, 1594–1597), Goya, Watteau, Fragonard, Delacroix und Corot. Das Bildnis einer reichen Straßburgerin mit weit ausladendem Hut, »La belle Strasbourgeoise«, von Nicolas de Largillière aus dem Jahr 1703, zählt zu den bekanntesten Werken.

Münster | 2, pl. du Château | Bus: Bateliers | Mi–Mo 10–18 Uhr | Eintritt 6,50 €, erm. 3,50 €

Musée Historique 🏳️ D 4

Lange endete die Stadtgeschichte Straßburgs mit der Französischen Revolution. Zumindest im Museum. 2007 ist das Musée Historique nach mehr als 20 Jahren Sanierung und Umbau im historischen Haus der Fleischerzunft (1587) wieder eröffnet worden. Inzwischen wurde die Ausstellung erweitert. Straßburgs Geschichte präsentiert sich nun auf 1700 qm, ergänzt um das 19. und das 20. Jh. Was gibt es Neues? Eine Sammlung von 60000 bemalten Papiersoldaten in Miniaturgröße. Ein historisches Modell, das die städtebaulichen Eingriffe in der Innenstadt um 1910/1916 vorher und nachher zeigt. Bruchstücke zweier Säulen der 1898 erbauten Synagoge am Quai Kléber, die 1940 von den Nationalsozialisten in Brand gesetzt und zerstört wurde. Und die Flagge, die nach der Befreiung Straßburgs am 23. November 1944 auf der Spitze des Münsters flatterte.

Münster | 2, rue du Vieux Marché aux Poissons | Bus: Corbeau | www.musees.strasbourg.eu | Di–So 10–18 Uhr | Eintritt 6,50 €, erm. 3,50 € | zu empfehlen ist der Audioguide

Musée de l'Œuvre Notre-Dame (Liebfrauenwerk) 🏳️ D 4

In dem zwischen dem 14. und 16. Jh. erbauten Sitz der Münsterbauhütte sind seit 1931 Werke aus Mittelalter und

Das in der Villa Greiner untergebrachte Tomi Ungerer Museum (▶ MERIAN TopTen, S. 113) verdankt seine Exponate einer Schenkung des bekannten Straßburger Karikaturisten.

Renaissance untergebracht. Dazu gehören die wertvollen Originale der Münsterskulpturen, darunter die Statuen der Ecclesia und der Synagoge (1230). Einzigartig ist die Sammlung von Originalaufrissen, angefertigt von den Baumeistern des Mittelalters für den Bau des Münsters. Die reiche Sammlung umfasst zudem Glasmalereien, religiöse Bilder, Skulpturen, kunstvolle Gläser, Goldschmiedearbeiten und Möbel. Besonders hervorzuheben sind die charaktervollen Büsten des Niederländers Gerhaerts von Leyden aus dem 15. Jh. und ein Hauptwerk des Meisters Konrad Witz: die heilige Magdalena und die heilige Katharina im Kreuzgang des Basler Münsters (1445). Die meisterlichen Stillleben des Straßburger Künstlers Sebastian Stoskopf stammen aus dem 17. Jh.

Münster | 3, pl. du Château | Bus: Bateliers | Di–So 10–18 Uhr | Eintritt 6,50 €, erm. 3,50 €

Musée Tomi Ungerer ⑩ ◀ E 3

Das Tomi Ungerer Museum – »Internationales Zentrum für Illustration« – präsentiert in einer Gründerzeitvilla seit 2007 Werke und Sammlungen des wohl bekanntesten Straßburger Künstlers. Die Exponate sind Teil einer Schenkung des Karikaturisten und Kinderbuchautors an seine Geburtsstadt. Das Museum kann für seine Ausstellungen aus rund 11 000 Einzelarbeiten und 6000 Spielzeugen schöpfen. Die ständige Ausstellung wird alle drei Monate verändert. Deshalb kann das Museum kurzzeitig geschlossen sein.

Neustadt | Villa Greiner | 2, av. de la Marseillaise | Tram: République |

Tel. 03 69 06 37 27 | Mi–Mo 10–18 Uhr |
Eintritt 6,50 €, erm. 3,50 €

Musée Vodou A 4

Voodoo gilt als mystisch, dunkel, grausam. Mit derlei Vorurteilen will ein neues Straßburger Museum aufräumen. Zu sehen sind Voodoo-Puppen, Masken, Kostüme sowie zeitgenössische afrikanische Kunst und Volkskunst aus Ghana, Benin und Togo. Das Inventar stammt aus der gut 1000 Einzelstücke umfassenden Sammlung des früheren Straßburger Brauereidirektors und Museumsstifters Marc Arbogast. Allein das Gebäude ist spektakulär: Ein Wasserturm aus dem Jahr 1878 wurde zum Museum umgebaut.
Petite France | 4, rue de Koenigshoffen | Tram: Musée d'Art Moderne, 7 Min. zu Fuß, Bus: Obernai/Lyon | Tel. 06 01 22 12 53 | www.musee-vodou.com | Fr–Sa 10–22, So 11–18 Uhr | Eintritt 14 € inkl. Führung nach Reservierung

Musée Zoologique F 4

Die ursprüngliche Sammlung des Museums, das zu den größten seiner Art in Frankreich zählt, stammt aus dem 18. Jh. Vor liebevoll gestalteten Landschaftspanoramen entsteht das Modell der heimischen Tierwelt, aber auch die Artenvielfalt exotischerer oder kälterer Welten. Das Museumsgebäude befindet sich auf dem Universitätscampus. In manchen Sälen mit hunderten präparierter Vögel, Schmetterlingen oder Käfer fühlt man sich wie in einer begehbaren Enzyklopädie. Der Besuch ist nicht zuletzt ein Erlebnis für Kinder.
Neustadt | 29, bd. de la Victoire | Tram: Université | Mi–Mo 10–18 Uhr | Eintritt 6,50 €, erm. 3,50 €

GALERIEN

Jedes Jahr im Frühling öffnen Bildende Künstler aus Straßburg und dem Elsass an zwei Wochenenden ihre Ateliers. Wer die Menschen im persönlichen Gespräch oder an ihrer Arbeitsstätte kennenlernen möchte, findet dazu Informationen auf www.ateliersouverts.net.

CEAAC – Straßburger Verein für zeitgenössische Kunst E 5

Das öffentlich geförderte europäische Zentrum für zeitgenössische Kunstaktionen zeigt Ausstellungen in den eigenen Räumen und initiiert Kunst an öffentlichen Orten wie dem Straßburger Parc de Pourtalès, in dem moderne Skulpturen zu sehen sind. Führungen werden im Internet angekündigt.
Krutenau | 7, rue de l'Abreuvoir | Bus: Krutenau | Tel. 03 88 25 69 70 | www.ceaac.org | Mi–So 14–18 Uhr, Aug. geschl.

Galerie Pascale Froessel C 4

Die Galeristin Pascale Froessel zeigt figurative Kunst, auch aus dem Elsass. Wie bei Jean Remlinger begleitet sie ihre Künstler in aller Regel über Jahrzehnte hinweg. Die Suche nach Neuentdeckungen kommt deshalb aber nicht zu kurz.
Petite France | 14, rue des Dentelles | Tram: Grand'Rue | Tel. 03 88 32 74 48 | www.galerie-pascale-froessel.fr | Di–Sa 10.30–12, 15–19 Uhr

Galerie Ritsch-Fisch C 3

Jean-Pierre Ritsch-Fisch gehört zum künstlerischen Beirat der Kunstmesse St'Art an, er ist einer der renommiertesten Galeristen Straßburgs. Seine

Das private Musée Vodou (▶ S. 114) zählt zu den Neuzugängen der Straßburger Museumsszene. Neben Voodoo-Puppen steht zeitgenössische afrikanische Kunst im Mittelpunkt.

Spezialität sind die Art Brut und verwandte Kunstrichtungen.
Münster | 6, rue des Charpentiers | Tram: Broglie | Tel. 03 88 23 60 74 | www.ritschfisch.com | Mo und Sa 14–18, Di–Fr 11–18 Uhr

L'Estampe   D 4
Die hübsch an der Ill gelegene Galerie vertritt internationale und elsässische Künstler wie Tomi Ungerer, R. E. Waydelich und Godwin Hoffmann. Druckgrafik (auch von historischen Straßburger Motiven) gehört zu den Schwerpunkten.

Krutenau | 31, quai des Bateliers | Tram: Porte de l'Hôpital, Bus: Corbeau | Tel. 03 88 36 84 11 | www.estampe.fr | Mo–Sa 10–12, 14–19, Mo bis 18 Uhr

La Chambre   D 5
Französische und internationale zeitgenössische Fotokunst und Fotoreportage bilden den Grundstock der Ausstellungsarbeit. Der Blick auf die Welt ist kritisch, neugierig, überraschend, mitunter auch historisch.
Krutenau | 4 place Austerlitz | Tram: Porte de l'Hôpital | Tel. 03 88 36 65 38 | www.la-chambre.org | Mi–So, 14–19 Uhr

Im Fokus
Ungerer: Ein Spötter zieht ins Museum

Mit sparsamen Strichen das Wesentliche darstellen – kaum jemand versteht sich darauf so gut wie der Elsässer Tomi Ungerer. Als zweisprachiger Künstler schlägt er mit seinem Werk eine Brücke zwischen deutscher und französischer Kultur.

Tomi Ungerer zeichnete das deutsch-französische Paar einst als wollüstiges Duo mit viel Hintern und Busen, erotischen Strümpfen und hohen Hacken. Auf den langhaarigen Schopf der französischen Marianne setzte er die knallrote Mütze der Revolutionäre mit Kokarde. Die blonde Mähne der deutschen Germania bekrönte der 1931 in Straßburg geborene Zeichner und Illustrator mit einem geflügelten Wikingerhelm. Die Lippen geschürzt, bewegen sie sich unter seiner Hand zu imaginärer Tanzmusik. Wogendes Leben mit politischer Satire gewürzt. Typisch Ungerer. Bis Deutsche und Franzosen ein solches Maß an Respektlosigkeit ertragen konnten, mussten erst Kriege und gegenseitige Verletzungen überwunden werden. Tomi Ungerer vereint die Gegensätze der einstigen Erbfeinde ganz ohne Umwege und ohne verletzende Waffen. Er ist ein Spötter mit Bleistift und Pinsel und sagt: »Man muss das Böse locken.« Ungerer wurde an der Grenze geboren und das prägte ihn. Als Elsässer sitze er naturgemäß zwischen den Stühlen, sagte Ungerer einmal über Ungerer.

◀ Tomi Ungerer – ein bereits zu Lebzeiten
legendär gewordener Satirekünstler.

Dass Ungerers Schaffen zwischen Kinderbüchern und sehr erwachsenen, sprich erotischen Zeichnungen, so gegensätzlich und wenig einzuordnen ist, hat maßgeblich dazu beigetragen, dass der Künstler in seiner Heimat Frankreich erst in den vergangenen Jahren an Popularität gewonnen hat.

FRANZÖSISCHE RAFFINESSE UND RESPEKTLOSER WITZ

Mit der Eröffnung des Musée Tomi Ungerer – Centre international de l'illustration in Straßburg (2007) entdeckten die französischen Medien und Touristen mit staunenden Augen diesen Künstler und seine Vielschichtigkeit. Möglich war das übrigens dank einer Schenkung des Künstlers. Mitsamt seiner Sammlung alter Blechspielzeuge vermachte er 11 000 Arbeiten der Stadt Straßburg. Erstmals wurde damals in Frankreich ein noch lebender Künstler und zudem ein Zeichner mit einem monografischen Museum geehrt. Die Deutschen kennen und lieben den respektlosen Elsässer schon lange. Weil sie es mögen, dass er französische Raffinesse und Witz verkörpert, gleichzeitig aber als noch in einem deutschen Elsass geborener Franzose der deutschen Kultur zugewandt ist. Wohl kaum jemand hat so liebevolle und ebenso humorvolle Illustrationen zu einer deutschen Volksliedsammlung vorgelegt wie Tomi Ungerer mit seinem Großen Liederbuch. Dass sein Hausverlag, der Schweizer Diogenes-Verlag, eben in deutscher Sprache verlegt, mag ein Übriges dazu beigetragen haben.

UNGERER UND SEIN VERHÄLTNIS ZU FRANKREICH

Geografisch entfernte sich Ungerer früh von Frankreich. Nach dem gescheiterten Abitur, einer Reise nach Lappland und durch Europa und nur einem Jahr an der Kunstgewerbeschule in Straßburg, an der man ihm freundlich nahelegte zu gehen – tauscht er die alte gegen die neue Welt ein. Mit 60 Dollar in der Tasche kommt er 1956 in New York an, wo die Freiheitsstatue eines anderen Elsässers, Frédéric-Auguste Bartholdi, die Ankommenden begrüßt. Das Abenteuer New York münzt Ungerer in sein Glück um: Sein erstes Kinderbuch, »The Mellops go flying«, erschienen bei Harper and Row im ersten Jahr nach seiner Ankunft, wird ein Erfolg. Das Buch wird prämiert und macht den unangepassten Elsässer mit einem Schlag berühmt. Die seltsamen Abenteuer einer Schweinefamilie sollten eine rasante Karriere einleiten. Später wurde er auch mit seinen politischen Plakaten, Werbekampagnen und satirischen Zeichnungen sowie Illustrationen für Magazine wie Esquire, Life, The New York Times, Harper's Bazaar und The Village Voice berühmt. »Pig Heil« prangte über einem Schwein in Nazi-Uniform. In »The Party«, einem Zyklus von Zeichnungen aus dem Jahr 1966, machte er sich mit dem Zeichenstift wie mit einem Skalpell daran, die Fratzen und Leiber der Typen auf dem gesellschaftlichen Parkett der New Yorker Society zu sezieren. Eine ätzende Darstellung, die den Betrachter an Otto Dix' Darstellungen aus den 1920er-Jahren erinnern kann.

DIE SUCHE NACH URSPRÜNGLICHKEIT

Ungerer erlebte in den USA auch die McCarthy-Ära und dass seine Arbeiten samt der Kinderbücher in amerikanischen Bibliotheken nicht mehr erwünscht waren. Nach 14 Jahren lässt er New York hinter sich. Ungerer hat die Nase voll von der Großstadt. Mit seiner zweiten Frau bezieht er im kanadischen Neuschottland ein Haus an der Küste. Die raue Landschaft und die bescheidenen Lebensverhältnisse der Bevölkerung dort bilden den Hintergrund und die Inspiration für Landschafts- und Naturstudien, die die Luft, das Meer, die Farben und verfallende Häuser in großartigen Bildern der Einsamkeit präzise festhalten. Im Frühjahr 1976 sollten er und seine Frau dann nach Irland auswandern. Bis heute ist das dortige Anwesen neben seinem Domizil in Straßburg Lebens- und Rückzugsort geblieben.

BEFREIUNG MIT DEM ZEICHENSTIFT

Ungerers Motive und Ideenwelt haben nicht nur die Erfahrungen und Eindrücke im Ausland geprägt. Entscheidende Einflüsse reichen in die Kindheit zurück. Das belegen antideutsche und antifaschistische Kindheitszeichnungen, die auch im Straßburger Museum zu sehen sind. Auch in seinem Erinnerungsbuch »Die Gedanken sind frei«, das erstmals 1993 erschien, beschreibt er zentrale Erlebnisse, unter anderem aus der Zeit der Annektierung des Elsass' durch das nationalsozialistische Deutschland. »Warum wiederholt sich die Geschichte? Weil wir schlechte Schüler sind und ihre Lektionen nicht lernen wollen?«

Ungerer, der nach dem frühen Tod des Vaters in der Obhut der Mutter auf dem Land, in Logelbach bei Colmar aufwuchs, erzählt: »Meine Mutter war eine Chauvinistin, profranzösisch. Aber ich konnte diesen Hass nie verstehen. Ich habe schon als Kind realisiert, dass es überall gute Menschen gibt.« Tomi Ungerer hat stets gegen Hass und gegen Diskriminierung angezeichnet, auch, wenn er für Kinder zum Zeichenstift griff. Wie in einem seiner jüngeren Bücher, »Neue Freunde«. Das Aufklärerische, das Engagement gegen Folter, Krieg und Rassismus ist für ihn kein Thema, das nur Erwachsene angeht. Das beweist er mit seinen Geschichten und Zeichnungen in »Otto« oder »Der Zauberer Zeralda«. Statt die jungen Leser mit dem Leben zu verschonen, bricht er mit Tabus der Kinderbuchliteratur. Im Geiste der Naivität und mit Lust am Fabulieren entfaltet er Themen wie Ausgrenzung und Intoleranz. »Flix« ist die Geschichte eines Hundes, der in einer Katzenfamilie aufwächst, dennoch seinen Weg geht und am Ende Katzen und Hunde versöhnt. »Ich zeige den Kindern, dass sie die Welt der Erwachsenen nicht zu ernst zu nehmen brauchen. Alle Kinder sind, glaube ich, von der Angst fasziniert.« Ob für Kinder oder Erwachsene, es gehe immer darum, diese Angst zu überwinden. Im Falle Ungerers ist der Zeichenstift die Befreiung, die Überwindung der Angst.

Die Brücke zwischen der Welt der Kinder und der Erwachsenen schlägt ein opulenter Klassiker, »Das große Liederbuch« (1975), in dem der Illustrator zum traditionellen Liedgut neue Bilder für das fand, was der Begriff Heimat bedeutet. Rund 140 Bücher und Bildbände hat er in mehr als fünf Jahrzehnten Schaffenszeit veröffentlicht, mal fantastisch, mal autobiografisch. Immer präzise, oft überraschend.

GEEHRTER KÜNSTLER UND UNORTHODOXES VORBILD

Wer Ungerer heute in seinem neben Irland zweiten Zuhause in Straßburg besucht, erlebt einen äußerlich betagten, im Geiste aber noch immer zu Späßen und Wortspielen aufgelegten Künstler. Deutschland und Frankreich haben ihm Orden verliehen, in Dänemark ehrte man ihn mit der Hans-Christian-Andersen-Medaille. Man hat verstanden, wie wichtig ein Weltbürger wie er für die Verständigung zwischen beiden Ländern ist. Im Jahr 1992 stand er gar auf der Liste der 500 »World Leaders of Influence« des Amerikanischen Biografischen Instituts. Schulen wurden nach ihm benannt. Man begriff, dass er ein (wenn auch unorthodoxes) Vorbild ist. Ungerer liegt auf einer schwarzen Lederliege und dreht an einer dünnen Zigarette. Der falsche, überlebensgroße Storch neben ihm erträgt das Grinsen des Meisters, des Humanisten, Antirassisten, Poeten der Bilder und des Kinderschrecks mit stummer Geduld.

Bleibt die Bewunderung für Ungerers ungemeine Schaffenskraft, für seine Vielseitigkeit und den virtuosen Umgang mit verschiedenen Sprachen. Ihm gelang und gelingt es gleichermaßen, Bildwelten für Kinder zu erfinden wie als Zeichner Gesellschaftskritik zu üben.

DAS PETITE FRANCE UND SEINE GASSEN

Der Spaziergang verbindet verschiedene Epochen der Straßburger Architektur und Stadtgeschichte. Den Weg säumen Handwerker- und Bürgerhäuser, Palais und Fachwerkfassaden in verwinkelten Gassen. Sie lernen das historische Viertel der Fischer, Gerber und Färber kennen, La Petite France. Dazwischen begegnet Ihnen immer wieder zeitgenössische Architektur. Und die Wirkungsstätten Albert Schweitzers liegen auf dem Weg. Diese Ansichten verschmelzen zu einem historisch-architektonischen Panorama Straßburgs.

◀ Das Gerberviertel Petite France (▶ S. 68) – im 16. Jh. vom Bürgertum gemieden.

START Place Gutenberg
ENDE Place Gutenberg
LÄNGE 1,5 km

Sie beginnen den Spaziergang mit dem Münster im Rücken am **Denkmal** zu Ehren Gutenbergs.

Ein Denkmal von Pierre-Jean David d'Angers

Johannes Gutenberg verbrachte entscheidende Jahre seines Lebens in Straßburg (1434–1444), erfunden hat er den Buchdruck hier allerdings nicht. In der Straßburger Geschichtsschreibung wird dennoch gerne auf Gutenbergs Straßburger Jahre verwiesen. Schließlich gab es in der Stadt um das Jahr 1480 bereits ein Dutzend Buchdruckerwerkstätten. Geschaffen hat das Denkmal der französische Bildhauer Pierre-Jean David d'Angers (1840). Es ruht auf einem Sockel mit vier Flachreliefs. Sie stellen die Verbreitung des Wortes (»Es ward Licht«) durch den Buchdruck über vier Kontinente dar. Den Platz selbst beherrscht die heutige Industrie- und Handelskammer, historisch der »Neue Bau«. In den Jahren 1582 bis 1585 errichtet, hatten hier bis zur französischen Revolution 1789 der Rat der freien Stadt Straßburg und dessen Verwaltung ihren Sitz. Der Neue Bau gilt als Straßburgs prächtigstes Renaissance-Gebäude. Die Fassade wird von Säulenvorlagen mit Schmuckelementen der antiken Säulenordnung gegliedert. Die flachen halbrunden Ziegel, Biberschwanz genannt, sind typisch für die Renaissancearchitektur. Im Dach-

geschoss wurden zur damaligen Zeit Lebensmittelvorräte aufbewahrt.

Handwerkskunst: Schlosser, Bäcker und Fassadenschmuck

Sie gehen rechts am Neuen Bau vorbei, folgen der **Rue des Serruriers** (Schlossergasse) entlang kleiner Ladengeschäfte und Boutiquen und überqueren die Rue de la Division Leclerc. Rechterhand stößt die Rue des Serruriers auf die Rue de la Chaîne. Die beiden Eckgebäude sind besonders schöne Beispiele typischer Architektur: altes Fachwerk (links) trifft auf ein Steinhaus der Renaissance, das auf der Ecke einen Erker trägt. Es ist das Haus Nummer 17, das »Haus zum Engel«, und wurde um 1600 erbaut. Auffällig ist der Fassadenschmuck am Erker aus Eierstäben und Blattranken. Beachten Sie hier und im Weiteren die in zwei Sprachen angebrachten Straßenschilder.

Albert Schweitzer, der Universalgelehrte

An der **Place Saint-Thomas** liegt die protestantische Kirche gleichen Namens aus dem 13. Jh. Im Inneren sehenswert: das Grabmal des Marschalls Moritz von Sachsen. Die heutige Kirche geht auf einen ersten Sakralbau an dieser Stelle aus dem 7. Jh. zurück. Im 9. Jh. entstand ein Benediktinerkloster, um 1030 eine Stiftskirche. Die heutige Kirche stammt aus der Zeit zwischen 13. und 15. Jh. Protestantisch ist sie seit dem 16. Jh. Geistesgeschichtlich muss man die Region Elsass in enger Verbindung mit dem historischen Einflussbereich der Reformation sehen, daher gibt es hier bis heute eine stärkere Bindung an den reformierten Glauben als in anderen französischen Regionen. In Straßburg verkehrten zudem einige der wichtigsten Reformatoren.

Wer sich am Wochenende in Straßburg aufhält, kann hier den deutschsprachigen Gottesdienst besuchen (9.15 Uhr). Berühmtheit erlangte die Thomaskirche nicht nur um ihrer selbst willen. Der spätere Friedensnobelpreisträger (1952) Albert Schweitzer konzertierte hier bereits als junger Theologe auf der berühmten **Silbermann-Orgel**. Nachdem er sein Tropenkrankenhaus in Lambarene gegründet hatte, nutzte er das Orgelspiel um mit Wohltätigkeitskonzerten Geld für das Hospital zu sammeln. Schweitzer erlangte als Arzt, Philosoph und Organist weltweit Berühmtheit (geöffnet 10–18 Uhr).

Von der rechten Seite her dominiert die ehemalige Sparkasse den Platz (Hausnummer 71). Sie folgen weiter der Rue de la Monnaie (Münzgasse), die in die Rue des Dentelles übergeht. Hier beginnen die engen Gassen des **Gerberviertels**, die von Fachwerkhäusern vorwiegend aus dem 16. und 17. Jh. gesäumt werden. Heute beherbergen sie Antiquitätengeschäfte und Restaurants, in den oberen Geschossen befinden sich aber auch ganz normale Wohnungen. Das Viertel war allerdings nicht immer so schmuck und herausgeputzt, wie wir es heute erleben. Es sind jedoch so viele Gebäude und Fassaden erhalten, dass der Charakter der Enge früherer Jahrhunderte erhalten geblieben ist.

Abstecher in die Grand' Rue zu den Bürgerhäusern

Beachten Sie das Haus an der Ecke **Rue du Bouclier** (Schildergasse), das Haus zum Hirschkorn, benannt nach dem einstigen Eigentümer. Bis vor wenigen Jahren hätte man bei einem Rundgang die **Sonnenuhr**, die unterhalb des Giebelfensters aufgemalt ist, wohl übersehen. Inzwischen wurde das Haus in ein Luxus-Hotel umgebaut, die Fassade gestrichen und dabei auch die schlichte Sonnenuhr wieder zur Geltung gebracht. In Straßburg findet man an Häuserfassaden heute noch ein Dutzend solcher Uhren, auf der der Schatten die halbe und die volle Stunde anzeigt, im ganzen Elsass gibt es etwa 100. Im Hof der Hausnummer 4, rue du Bouclier sehen Sie eine Kirche, die eher selten Erwähnung findet. Das unscheinbare Sakralgebäude, die zwischen 1787 bis 1789 errichtete Reformierte Kirche, besaß ursprünglich gar keinen Glockenturm. Die reformierten Christen wurden geduldet, der König erlaubte jedoch keinen Turm. Die Kirche sollte den Anschein erwecken, sie sei ein gewöhnliches Haus. Der heutige Turm wurde im 19. Jh. hinzugefügt.

Großbürgerliches Wohnen in der Renaissance

Sie folgen der Rue du Bouclier und befinden sich nun in der **Grand'Rue**. In römischer Zeit verlief an dieser Stelle eine der wichtigsten Verbindungsstraßen der Gegend. Heute besticht sie durch attraktive Geschäfte und zahlreiche sehenswerte Gebäude. Auf drei von ihnen sei besonders hingewiesen. Bei Hausnummer 101 handelt es sich um eines der schönsten Renaissancegebäude der Stadt, erbaut 1587. Vor wenigen Jahren erst wurde es unter Denkmalschutzauflagen restauriert. An der Fassade nebenan (Hausnummer 103) verweist die Inschrift J. G. Hummel im Türbogen auf einen der Hersteller der im 18. Jh. von einem Straßburger Koch erfundenen Gänseleberpastete.

Das gegenüberliegende Herrenhaus (Grand' Rue 120) der Adelsfamilie Zorn von Bulach stammt von 1540. Bemerkenswert sind der reich verzierte Erker und die neogotischen Türen. Einen Blick auf die Wendeltreppe und die Eingangstür am Eckturm im Inneren erhascht man nur bei geöffnetem Tor. Über die nächste Gasse (Rue Escarpée) gelangen Sie wieder ins Petite France, auf die Rue des Dentelles.

Zurück bei den schiefen Gerberhäusern

Das ehemalige Gerberviertel verdankt seinen Namen **La Petite France** der Tatsache, dass hier Anfang des 16. Jh. ein Krankenhaus stand. In diesem wurden französische Soldaten, die aus dem Krieg in Italien mit Syphilis zurückgekehrt waren, untergebracht. Ein wahres

Kleinod verbirgt sich im Innenhof des Gebäudes Nummer 9. Der ehemalige Ratsamhausenhof von 1587 verfügt zur Hofseite über zwei Wendeltreppen. Die runden Arkaden ruhen auf toskanischen Säulen. Im Sommer spendet eine Kastanie Schatten. Nummer 10 gehörte einst dem Gerber Hans Schenk, wie die Initialen H. S. verraten. Es ist ein besonders schönes Beispiel für geschnitztes Fachwerk: Die Fenster sind mit kleinen Säulen verziert. Die Kragsteine schmücken Akanthusreliefs.

Die Straße mündet auf den Hauptplatz des Viertels, die **Place Benjamin Zix**. Im Sommer ist es angenehm schattig. Zur Adventszeit füllt ihn der Weihnachtsmarkt mit Leben. Cafés und Restaurants laden zum Verweilen ein.

Wer war Benjamin Zix?

Nicht weit von dem nach Zix benannten Platz und der kleinen Kirche liegt in der Rue des Moulins (Nr. 16) das Haus, in dem der spätere Künstler 1772

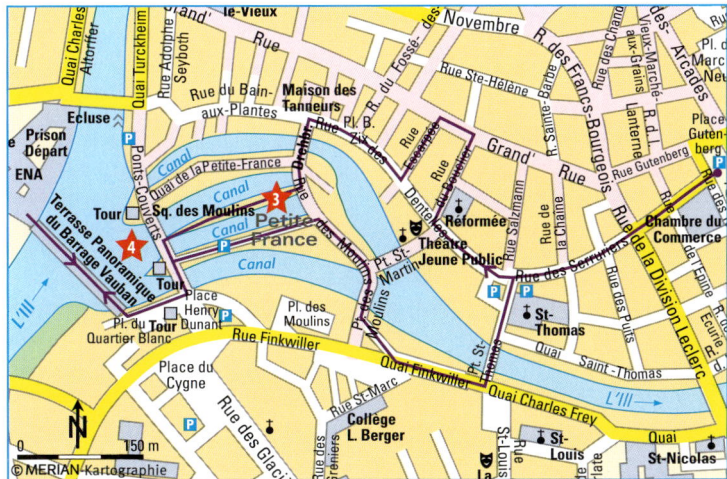

zur Welt kam. Die Familie lebte in bescheidenen Verhältnissen. Der Sohn erhielt dennoch Zeichenunterricht. 1792 schließt er sich der Revolutionsarmee an und dokumentiert deren Wirken in zahlreichen Zeichnungen und Skizzen. Seine Arbeit gefällt, und so begleitet er in offiziellem Auftrag die Armee auf weiteren Feldzügen. 1811 stirbt er auf einer Italienreise an Fieber. An der Ill stoppen regelmäßig Ausflugsboote auf ihrem Weg rund um die Stadt an einer der von Personen begehbaren Ill-**Schleusen** vor dem Platz, um dann, auf dem einige Meter erhöhten Wasserspiegel, bei geöffneten Toren ihre Fahrt fortzusetzen.

Auf der Ihnen gegenüberliegenden Seite der an dieser Stelle kraftvoll rauschenden Ill sehen Sie das Hotel **Régent Petite France**. Um die Jahrhundertwende befand sich hinter den dicken Mauern kein Luxus-Hotel wie heute, sondern eine Eisfabrik. 1897 bis 1930 wurde mit Hilfe des durch das Wassergefälle erzeugten Stroms industriell Stangeneis hergestellt. Die 25 kg schweren Blöcke wurden zunächst mit Pferdewagen, später mit Lastkraftwagen ausgeliefert. Ab den 1950er-Jahren sank der Bedarf an solchem Eis dramatisch: Kühlschränke wurden nach und nach zum selbstverständlichen Einrichtungsgegenstand. 1990 musste die Eisfabrik endgültig geschlossen werden. Auf einer Fotografie von 1912 ist das Gebäude mit der Aufschrift »Klareiswerke zur Dünzenmühle« zu sehen. Diesen Schriftzug (Dünzenmühl) können Sie auch an einem der Nebengebäude, eingemeißelt in Sandstein, erkennen, wenn Sie später der Rue des Moulins weiter folgen.

Der Gang durch die **Rue du Bain-aux-Plantes** versetzt Sie mit ein wenig Fantasie in frühere Jahrhunderte zurück.

Die offenen Dächer der Gerberhäuser

Links vor Ihnen sehen Sie das **Gerberhaus** (Maison des Tanneurs, 42 rue du Bains-aux-Plantes). Errichtet wurde es 1572, erfuhr in den beiden darauffolgenden Jahrhunderten jedoch Veränderungen. Auffällig ist der Überhang zur Straße hin, zur Ill öffnet sich eine Galerie. Die geöffneten Gauben der Gerberhäuser dienten einem Zweck: Auf dem Speicher trockneten damals die gegerbten Tierhäute. Die Angehörigen der zwölften Zunft deckten sich in der Schlachterei an der Rabenbrücke (heute **Historisches Museum**) mit Häuten ein. Sie reinigten und wuschen sie im Flusswasser oder in der Fossé des Tanneurs, dem Gerbergraben, heute die Straße, die vom Petite France in die Innenstadt führt. Rechterhand sehen Sie ein Restaurant in einem Gebäude aus dem 16. Jh., das »Lohkäs«-Haus. Als Lohkäs bezeichneten die Gerber das Abfallprodukt aus der Gerberei, gepresste Rinde, die als Brennstoff weiterverkauft wurde. Das Türschild zeigt einen goldenen Adlerkopf, der das Zunftzeichen der Bierbrauer im Schnabel hält, einen sechszackigen Stern: das Zeichen für die drei Elemente und die drei Stadien der Bierherstellung.

Sie biegen jetzt links in die **Rue des Moulins**, wo vielleicht gerade die kleine Drehbrücke in Fließrichtung gewendet wird. Hier teilt sich die Ill in vier Kanäle. Sie halten sich nun gleich rechts, gehen unter dem Durchgang eines Hauses weiter und gelangen auf

Blick vom Ill-Ufer auf La Petite France, mittelalterliches Fachwerk wird von moderner Glasarchitektur durchbrochen. Im Hintergrund der Turm der Kirche Saint-Thomas (▶ S. 72).

einen Platz, der zwischen zwei Verzweigungen liegt. Hier befinden sich ein Spielplatz und zahlreiche, im Sommer von Bäumen beschattete Bänke. Von Anwohnern wird der Platz gerne zum Boulespielen genutzt. Wenn Sie die Treppe rechter Hand hinabgehen, können Sie ein Stück direkt der Ill folgen. Der Weg führt an einem kleinen Restaurant mit Sommerterrasse (Ami Fritz) vorbei wieder nach oben auf die vermeintlich gedeckte Brücke.

Die Bezeichnung **Gedeckte Brücken** irritiert heute. Im Mittelalter jedoch befanden sich an dieser Stelle überdachte Holzbrücken zwischen den heute noch erhaltenen Befestigungstürmen. Ende des 19. Jh. wurden sie durch eine Konstruktion aus Stein ersetzt. Gehen Sie weiter nach rechts und Sie stoßen auf den ältesten der insgesamt vier trutzigen Türme, die **Tour du bourreau**, den Henkersturm, in dem damals der Henker am Stadtrand lebte. Bis 1923 wurde der Turm noch als städtisches Gefängnis genutzt. Er war Teil der **zweiten Straßburger Stadtmauer**, errichtet zwischen 1202 und 1220. Die benachbarten Türme sind jüngeren Datums (1344–1402). Zusammen gehören sie zu den letzten sichtbaren Überresten der mittelalterlichen Stadtmauer. An dieser Stelle sollten sie die Stadt zum Fluss hin vor Angreifern schützen. Wer die gedeckten Brücken von Luzern in der Schweiz kennt, hat eine ungefähre Vorstellung von ihrem Originalzustand.

Zur Verteidigung wurde geflutet

Wenden wir uns vom Henkersturm ab und sehen zur Ill. Vor uns liegt das lang

Art Café

Es ist eine Kunst, all das auszublenden, was uns am meisten stört. Der Blick von der Terrasse des Art Café am Museum für Moderne Kunst hält es fern. Vor uns liegen die gedeckten Brücken und Straßburgs Altstadt. Im Rücken haben wir das moderne Museum. Vor uns die museale Pracht des Petite France. Vergessen wir ihn nicht, diesen wunderschönen Anblick (▶ S. 15).

gestreckte Gebäude der **École Normale d'Administration** (ENA), Frankreichs Elitehochschule für öffentliche Verwaltung. Neben ihr liegt die Barrage Vauban, deren Schleusen im Verteidigungsfall das Gelände in diesem Teil der Stadt unter Wasser setzen konnten. Aber wenden wir uns zunächst der ENA zu und gehen zu deren Haupteingang, und zwar mit dem Rücken zum Henkersturm über den **Pont de l'Abbatoir**. Der Gebäudekomplex geht auf ein mittelalterliches Kloster zurück. Im Jahr 1371 erwarb es der Straßburger Bankier Rulman Merswin und schenkte das Anwesen, das damals am Rande des befestigten Teils der Stadt lag, dem Johanniterorden. In der Folge entwickelte es sich zu einem wichtigen geistigen Zentrum der Mystik am Oberrhein. Von hier aus schickte der christliche Ritterorden auch Männer auf die Kreuzzüge in den Orient. 1490 und 1507 hielt sich hier Kaiser Maximilian I. von Österreich auf. Ab 1529 entstand hier ein Hospital. Die bemalte Fassade links neben dem Eingangsportal stammte ursprünglich von 1547.

Man bemerke das illusionistische Fenster – ohne Öffnung. Ab 1747 befand sich hier ein Gefängnis, das erst 1990 an den Stadtrand zog. Für die Sanierung des Gebäudes und den Umbau in einen repräsentativen Hochschulkomplex zeichnen die Architekten Altorffer und Moretti verantwortlich (1995). Der moderne Erweiterungsbau für die Wissenschaft entstand ab 2010.

Gehen wir zurück über die Brücke und nehmen das Panorama von ENA, **Barrage Vauban** und dem schwarzen Bürogebäude im Hintergrund in Augenschein. Die Barrage Vauban, Große Schleuse, entstand zwischen 1686 und 1700 nach Plänen des berühmten Baumeisters Ludwigs XIV. Straßburg und das Elsass gehörten ab dem 17. Jh. wieder zu Frankreich und eine neue Befestigung erschien notwendig. Durch das Öffnen der Tore unter den 13 Bögen konnte das Gebiet südlich der Stadt zur Verteidigung geflutet werden. Im 19. Jh. wurde eine Etage hinzugefügt.

Gelungene Architekturkontraste

Das auf einem Sockel aus rosafarbenem Granit ruhende Gebäude des **Hôtel du Département** (1989), der Verwaltungssitz und Tagungsort des Rates für das Unterelsass (Bas-Rhin), nimmt mit seiner von Glas und dunkel lackiertem Aluminium dominierten Fassade die langen Linien der nahe stehenden Gebäude auf. Es bildet einen reizvollen Kontrast zu den älteren Architekturepochen in seiner Umgebung. Zumal sich im Hintergrund noch die Glasfassade des **Museums für moderne und zeitgenössische Kunst** (MAMC) erhebt. An dieser Stelle könnten Sie auf die Aussichtsplattform der Barrage Vauban steigen. Der Blick von hier oben über die Altstadt gehört zu den schönsten der Stadt.

Gehen Sie zurück zur Brücke und folgen dem Quai du Woerthel wieder in Richtung Petite France. Sie biegen rechts in die Rue des Moulins, nochmals rechter Hand führt eine Brücke zur Place des Moulins.

Von der Ill aus sehen Sie **Le Finkwiller**, das Gebäude 9 rue du Bain-Finkwiller/Place des Moulins. Mit diesem vom Straßburger Architekten Gérard Ecklé 1971 geplanten Gebäudekomplex hielt inmitten der historischen Bausubstanz an der Ill erstmals ein modernes Gebäude Einzug. Inmitten der Fachwerkhäuser wirkt das geradezu revolutionär, passt sich jedoch in Proportionen und Farben dem Standort an. Die architektonische Formensprache Anfang der 1970er-Jahre fand eine schlüssige Antwort auf die historische Umgebung.

Patentierte Brückenkonstruktion

Sie halten sich anschließend links (Rue du Bain Finkwiller), folgen ein Stück dem Quai Finkwiller und gehen nach links über die **Brücke Saint-Thomas**. Mit ihrer Eisenkonstruktion wäre sie ohne die industrielle Revolution nicht denkbar (1841). Die Pläne dazu lieferte der Ingenieur Antoine-Rémy Polonceau. Er ließ sich seine Idee sogar patentieren. Geradeaus sehen Sie nun wieder die Place Saint-Thomas. Das Eckgebäude beherbergt das protestantische Seminar und das Stift, dem Albert Schweitzer als junger Theologe vorstand. Nun kehren Sie zum Ausgangspunkt der Tour zurück – oder spazieren weiter an der Ill entlang.

Das Hôtel du Département (▶ S. 126) ist gerade einmal 25 Jahre alt, seine Architektur zeitlos elegant. Von hier aus wird das Département Unterelsass verwaltet.

DAS UMLAND
ERKUNDEN

Die Burgruine Haut-Barr (▶ S. 132) wurde früher auch Auge des Elsass genannt.

ZUM KLOSTER MONT SAINTE-ODILE

CHARAKTERISTIK: Der Odilienberg und das Kloster sind seit Jahrhunderten spiritueller Anziehungspunkt für gläubige Menschen. Heute empfängt das Kloster pro Jahr mehr als 1,3 Mio. Besucher, die diesen Ort in den mittleren Vogesen um seiner besonderen Lage willen schätzen. **ANFAHRT:** Autobahn Richtung Colmar, Ausfahrt Obernai, weiter auf der N 422 bis Obernai. Von dort ist die 15 km lange Strecke bis zum Odilienberg ausgeschildert. Mit dem Bus: Ab Straßburg Hauptbahnhof fährt der Linienbus 257 zweimal tgl. am Wochenende sowie an Feiertagen auf den Klosterberg. Fahrzeit ca. 1 Stunde. **WANDERUNG:** Start und Ziel des Rundwegs ist der Parkplatz hinter Heiligenstein. Anfahrt von Obernai über Bernhardswiller Richtung Barr. Beschilderung zur Klosterruine Truttenhausen folgen. Wanderkarte IGN 3716ET. **DAUER:** Halbtagesausflug, mit Wanderung (Gehzeit ca. 5 Std.) ganztägig. **EINKEHRTIPP:** Restaurant und Selbstbedienungscafeteria auf dem Klostergelände. Das zugehörige Hotel wurde vor wenigen Jahren komplett renoviert und modernisiert und verfügt über preiswerte, ansprechende Zimmer. Einige davon sind für Familien oder Gruppen bis zu sechs Personen vorgesehen. **AUSKUNFT:**

 Mont Sainte-Odile, 67530 Ottrott, Tel. 03 88 95 80 53, www.mont-sainte-odile.com

KARTE: S. 133, c 2–b 3

Der **Odilienberg** (753 m) mit dem Kloster der Schutzpatronin des Elsass liegt 43 km südwestlich von Straßburg. Bei klarer Sicht sieht man von hier die Rheinebene, den Schwarzwald (Kniebis), und man erkennt die Turmspitze des Straßburger Münsters.

Sehenswert ist neben dem Klosterkomplex mit Pilgersälen, Herbergsräumen und drei Kapellen auch die Heidenmauer, die über eine Strecke von 10 km um das gesamte Bergplateau herumführt und zu den bedeutenden vorgeschichtlichen Denkmälern Frankreichs zählt. Die gewaltige Anlage ist vermutlich keltischen Ursprungs.

Nicht weit vom Hauptparkplatz vor dem Klostereingang entfernt beginnt ein schmaler Pfad, auf dem Sie in etwa 20 Gehminuten bergab die Odilienquelle erreichen. Die Elsässer nehmen davon gerne eine Flaschenfüllung mit nach Hause, weil dem Quellwasser heilende Wirkung bei Augenleiden nachgesagt wird.

Die heilige Odilie soll um 660 in Obernai blind zur Welt gekommen sein. Ihr Vater, Herzog Eticho, wollte das Mädchen deshalb töten lassen. Doch die Mutter ließ ihr Kind heimlich in ein Kloster in Burgund bringen. Die Legende besagt weiter, dass das Mädchen bei seiner Taufe im Alter von zwölf Jahren sehend wurde. Sein Vater wollte es daraufhin zu einer politischen Ehe zwingen. Odilie ergriff die Flucht und entkam ihren Verfolgern, weil sich plötzlich eine Felswand auftat. Eticho kapitulierte angesichts der göttlichen Fügung und schenkte seiner Tochter reumütig seine Festung Hohenburg auf dem heutigen Odilienberg. Odilie gründete dort ein Kloster und wurde dessen erste Äbtissin.

Zu einem geistigen Zentrum wurde das Kloster zwischen 1167 und 1195. Die Äbtissin Herrad von Landsberg – die Ruine von Burg Landsberg ist auf dem Weg nach Barr zu besichtigen – verfasste den Hortus deliciarum, den »Garten der Wonnen«, in mittellateinischer Sprache. Das mit farbigen Miniaturen ausgestattete Buch gehörte zu den bedeutenden Handschriften des Mittelalters. Es wurde durch deutsche Bomben beim Brand der Straßburger Bibliothek 1870 vernichtet.

Im Laufe der Jahrhunderte wurde die Klosteranlage mehrfach umgebaut und erweitert. Im 19. Jh. erwarb sie der Bischof von Straßburg.

Zu Beginn des 20. Jh. wurde dem Ort eine Bedeutung zugesprochen, die heutige Besucher häufig in Erstaunen versetzt: die immerwährende Anbetung in der Klosterkirche. Sie geht auf die Ordensregeln Odilies zurück, wurde auf dem elsässischen Klosterberg aber erst 1931 durch den damaligen Straßburger Erzbischof wieder eingeführt. Seitdem wechseln sich Gruppen gläubiger Männer und Frauen im wöchentlichen Rhythmus ab. Das Gebet wird auch in der Nacht nicht unterbrochen. Stunde für Stunde halten die Gläubigen vor dem Allerheiligsten Wache.

Falls Ihnen auf der Rückfahrt Zeit bleibt, legen Sie eine Kaffeepause in Obernai, dem Geburtsort Odilies, ein. Um das Renaissance-Rathaus gruppieren sich zahlreiche schöne Gebäude. Beachten Sie den Puit aux Six Seaux, den Sechseimerbrunnen, aus dem Jahr 1579, und den Kapellenturm.

Bei dem Kloster auf dem Odilienberg handelt es sich um die ursprüngliche Festung Hohenburg (▶ S. 130). Im Mittelalter entwickelte sich hier ein bedeutendes geistiges Zentrum.

RADTOUR NACH SAVERNE

CHARAKTERISTIK: Das Fahrrad bietet sich an, um die Kulturlandschaft im nördlichen Elsass kennenzulernen. **ANFAHRT:** Die ca. 60 km lange Tour können geübte Radler an einem Tag bewältigen. Wollen Sie sich lieber zwei Tage Zeit nehmen, gibt es mehrere Übernachtungsmöglichkeiten. **DAUER:** 1–2 Tage **EINKEHRTIPPS:** Hostellerie du Cerf, 30, rue du Général-de-Gaulle, Marlenheim, Tel. 03 88 87 73 73, 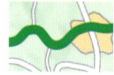 www.lecerf.com Restaurant €€€, Hotel €€ | Taverne Katz, 80, Grande Rue, Saverne, Tel. 03 88 71 16 56, www.tavernekatz.com **KARTE: S. 133, c 2 – a 1**

Von Straßburg aus geht es vom Stadtteil Eckbolsheim aus auf die D45 Richtung Breuschwickersheim. Die Straße führt durch kleine Ortschaften in ländlicher Umgebung. Nach etwa 20 km erreichen Sie den Ort Wolxheim, der für seinen wohlschmeckenden Riesling bekannt ist. Ein paar Kilometer weiter kommen Sie nach Soultz-les-Bains an der Weinstraße. Im Mittelalter gehörte die Stadt dem Bistum Straßburg an. Ihre berühmten Bäder zogen viele Heilungssuchende an. Sehenswert ist die Kirche, deren Turm und Chor aus dem 12. Jh. stammen. Nach weiteren 7 km, die Sie auf der Straße Richtung Saverne zurücklegen, kreuzen Sie die N 4.

Soultz-les-Bains ▸ Wasselonne

Rechts führt die Landstraße nach Marlenheim. Das Städtchen wurde im Jahr 590 erstmals urkundlich erwähnt. Hier können Sie eine Ruhepause einlegen, um einzukehren, z. B. in die Hostellerie du Cerf. Das Lokal ist in einer alten Poststation untergebracht und wird seit dem Jahr 1930 von der Familie Husser geleitet. Sie fahren weiter auf der N 4 in Richtung Wasselonne. Auf dem Weg dorthin durchqueren Sie das Krontal, in dem seinerzeit die Steine für das Straßburger Münster gebrochen wurden. Von der mittelalterlichen Burg, die das Städtchen einst schützen sollte, sind heute noch ein Tor, ein Turm und Teile der Mauer zu sehen. Bis ins 15. Jh. muss sie 27 Türme verbunden haben.

Wasselonne ▸ Saverne

Von Wasselonne aus führt die Straße weiter durch die reizvolle Reblandschaft an der Weinstraße nach Marmoutier (Maursmünster). Marmoutier zählt zu den frühesten elsässischen Klosterniederlassungen, deren Gründung geht auf das 6. Jh. zurück. Die Benediktinerabtei zählt zu den beeindruckendsten Beispielen romanischer Architektur im Elsass. Gewaltig wirkt die ehemalige **Abteikirche Saint-Étienne** aus dem 12. Jh. mit ihrer Westfassade aus dunklem Sandstein. Neben dem neugotischen Chor, den Renaissance-Grabplatten und dem Chorgestühl befindet sich im Inneren der Kirche eine 1709 von Andreas Silbermann erbaute Orgel.

Jetzt legen Sie noch 6 km zurück und Sie haben Saverne erreicht. Der Name der Stadt geht auf die römische Poststation Tres Tabernae (Drei Schenken) zurück. Oberhalb von Saverne thront die auf Felsen errichtete **Burgruine Haut-Barr**. Mit gutem Grund wird das erstmals 1123 erwähnte Gemäuer Auge des Elsass genannt: Ihre Erbauer konnten von hier aus bestens die Ebene überwachen. In der Stadt besichtigen Sie einen Rosengarten, die Pfarrkirche und das Schloss der Fürstbischöfe von Rohan (Château des Rohan), das schon Goethe 1770 bei einem Besuch bewunderte. 1779 brannte es nieder und wurde im 18. und 19. Jh. wieder aufgebaut. Zwischen 1871 und 1944 wurde es als Kaserne genutzt. Heute befinden sich darin das Stadtmuseum und Funde aus vorgeschichtlicher und römischer Zeit. Der Name de Rohan geriet durch die sogenannte Halsbandaffäre im 18. Jh. in Misskredit. Der damalige Fürstbischof Louis René de Rohan warb mit einem teuren Halsband um die Gunst der Königin Marie Antoinette, fiel jedoch auf Betrüger herein.

Saverne machte auch am Vorabend des Ersten Weltkriegs Schlagzeilen, als Ende Oktober 1913 ein preußischer Leutnant die Elsässer beleidigt hatte. Die aufgebrachte Bevölkerung tat daraufhin mit Protestzügen auf den Straßen der Garnisonsstadt ihren Unmut über die Haltung des kaiserlichen Militärs kund. Zahlreiche Karikaturisten und die internationale Presse griffen den Vorfall auf. Nach außen hin hatten sich die Elsässer, die damals bereits seit zwei Generationen unter deutscher Herrschaft lebten, mit dem Kaiserreich arrangiert. Doch unter der Oberfläche gärte es. Der Vorfall führte ihnen wie dem Ausland vor Augen, dass das Reichsland Elsass-Lothringen weniger gut integriert war, als es den Anschein gehabt hatte. Der Kaiser stützte letztlich die Position seines Militärs.

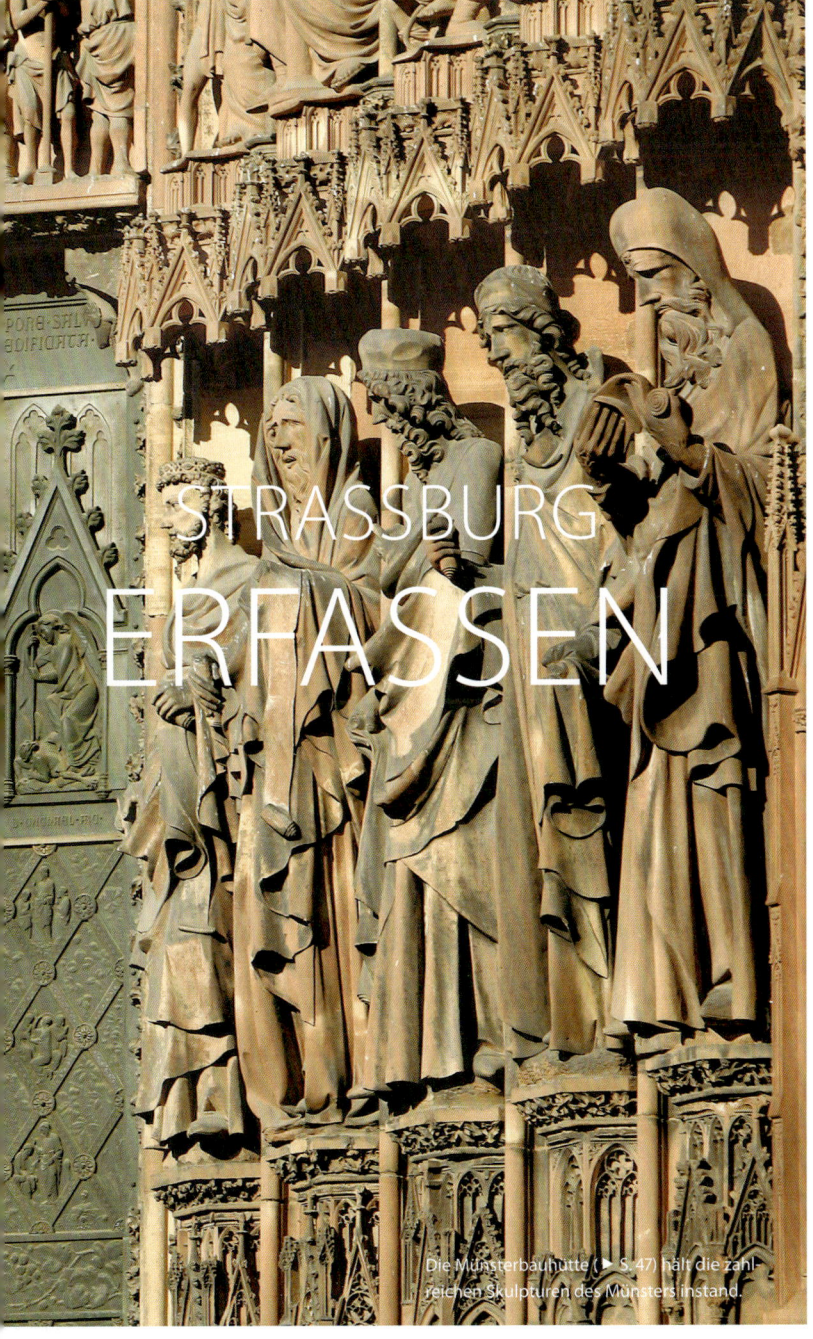

STRASSBURG
ERFASSEN

Die Münsterbauhütte (▶ S. 47) hält die zahlreichen Skulpturen des Münsters instand.

AUF EINEN BLICK

Mehr erfahren über Straßburg – Informationen über Land und Leute, von der Struktur der Bevölkerung über Lage und Geografie, Politik und Verwaltung, Religionsgemeinschaften, Sprache und Medien bis hin zum Aufbau der Wirtschaft.

BEVÖLKERUNG

Straßburg ist mit 276 000 Einwohnern die siebtgrößte Stadt Frankreichs. Die Bewohner sind verhältnismäßig jung. Etwa 13 % der Bevölkerung haben einen Migrationshintergrund. Zu dieser Gruppe zählen vorrangig Menschen aus Nordafrika und der Türkei. 10 % sind Deutsche, weitere 30 % stammen aus anderen Staaten Europas.

LAGE UND GEOGRAFIE

Straßburg liegt in der Rheinebene zwischen Vogesen und Schwarzwald. Im Osten grenzt die Stadt an den Rhein. Das im Jura entspringende Flüsschen Ill war in früheren Jahrhunderten eine wichtige Verkehrsader und gab der Region Elsass (von »Ill-Sass« – Bewohner an der Ill) ihren Namen.

POLITIK UND VERWALTUNG

Als Hauptstadt der Region Elsass und des Départements »Bas-Rhin« (Unterelsass) befindet sich in Straßburg auch der Sitz der Präfektur. Der Sozialist Roland Ries ist Oberbürgermeister Straßburgs. Die aus 14 Stadtvierteln be-

◀ René Tourette steht mit seinem Käseladen (▶ S. 78) für französische Tradition.

stehende Kernstadt ist Teil der Stadtgemeinschaft Straßburg (Communauté urbaine de Strasbourg, CUS), mit rund einer halben Million Einwohner. In den vergangenen Jahren ist die grenzüberschreitende Kooperation immer wichtiger geworden. 2005 gründeten die CUS und die großen Kommunen des benachbarten deutschen Ortenaukreises den Eurodistrikt Strasbourg-Ortenau. Seitdem werden Synergien bei Gesundheitsversorgung, Stadtplanung oder Nahverkehr gesucht.

RELIGION

Die Mehrheit der Bevölkerung ist katholisch. Mit 17 % liegt der Anteil der Protestanten weit über dem französischen Durchschnitt (3 %). Das liegt in der Geschichte begründet, der langen Zugehörigkeit der Region zum deutschsprachigen Gebiet und dem Einfluss der Reformation. Die drittgrößte Religionsgruppe sind die Muslime mit 140 000 Angehörigen im Elsass. Im Großraum Straßburg leben 40 000 bis 60 000 Gläubige. Straßburgs jüdische Gemeinde zählt rund 15 000 Mitglieder. Sie gilt als eine der größten des Landes. Schulischer Religionsunterricht ist eine elsässische Besonderheit.

SPRACHE UND MEDIEN

Die regionalen Tageszeitungen sind bis vor wenigen Jahren noch mit einer deutsch-französischen Ausgabe erschienen. Zwar geht der Anteil der Deutsch sprechenden Bevölkerung zurück – derzeit liegt er bei etwa 40 %. Dennoch wird der Dialekt auf vielfältige Weise gepflegt. Das dritte Fernsehen France 3 Alsace sendet einzelne Magazine auf Elsässisch. Das regionale Radio bietet auf Mittelwelle ein Dialektprogramm an (France Bleu Elsass). Über den Dialekt im Elsass informiert das Elsässische Sprachamt, Office pour la langue et la culture d'Alsace (www.olcalsace.org).

WIRTSCHAFT

Straßburg ist auch angesichts der Wirtschaftskrise und der zuletzt in Frankreich auf 10 % gestiegenen Arbeitslosigkeit der bedeutendste Industriestandort im Elsass geblieben (Lebensmittel-, Automobil- und chemische Industrie). Zahlreiche ausländische Konzerne haben sich in Straßburg und seinem Umland niedergelassen. Der Rheinhafen ist nicht nur der zweitgrößte Binnenhafen Frankreichs, sondern nach Duisburg auch der zweitgrößte am Rhein. Die zahlenmäßig wichtigsten Arbeitgeber finden sich jedoch in den europäischen und internationalen Institutionen sowie den Verwaltungen, Krankenhäusern, Forschungsinstituten und der Universität mit 44 000 Studierenden, aber auch in Handel, Transport und Service.

AMTSSPRACHE: Französisch
EINWOHNER: 276 401 (mit Umland 475 634)
FLÄCHE: 78,27 qkm
INTERNET: www.strasbourg.eu
RELIGION: 70 % Katholiken, 17 % Protestanten, 7 % Muslime, 1 % Juden
VERWALTUNG: Straßburg ist Hauptstadt der Region Elsass (1,83 Mio. Einwohner) und des Départements Bas-Rhin

Im Fokus
Die Kaderschmiede der politischen Elite

Frankreichs Eliteschulen stehen für intellektuelle Brillanz und analytische Schärfe. Eine der wichtigsten hat ihre Basis von Paris nach Straßburg verlegt. Damit steht sie mit ihren Absolventen mehr den je im Zentrum der europäischen Kooperation.

»Wer seine Pläne zu früh ausplaudert, läuft Gefahr, dass man sie verhindert«, ließ Edith Cresson, Anfang der 1990er-Jahre französische Premierministerin, verlauten, als sie eine der angesehensten Hochschulen des Landes aus der Hauptstadt in die Provinz verlegt hatte. Zuvor bildete Frankreich seine Eliten in der Hauptstadt aus. Da stellte die École Nationale d'Administration, kurz ENA, keine Ausnahme dar. Als die Sozialistin Cresson sich 1991 zu diesem weitreichenden Schritt entschloss, bereitete sie die Öffentlichkeit nicht vor. Sie war sich der Radikalität ihrer Entscheidung bewusst, aber auch gewillt, sie gegen Widerstände durchzusetzen. Cresson, die dank François Mitterrand als erste Frau auf diesen Posten gerückt war, war für viele schon aufgrund ihrer Willensstärke und ihrer so geradlinigen Karriere, ein Affront. Dass sie nun aber auch die geistige Elite des Landes brüskierte und den Führungsnachwuchs zwang, Paris den Rücken zu kehren, hatte man ihr nicht ohne Weiteres zugetraut. Nicht einmal die damalige Straßburger Oberbürgermeisterin und spätere

◀ An der ENA wird die zukünftige Führungselite Frankreichs ausgebildet.

Kulturministerin Catherine Trautmann – obendrein eine Parteigenossin –
war in die Pläne eingeweiht worden. Doch die Regierung des bis heute
maßgeblich zentralistisch geprägten Frankreich schien ernst zu machen,
mit dem, was die Politik Dezentralisierung nannte.
Die legendäre ENA von Paris in die Provinz zu verlegen, war in diesem
Kontext ein wichtiger Schritt. Cresson setzte sich durch. Keine nachfol-
gende Regierung hat ihre Entscheidung rückgängig gemacht. Der erste
Jahrgang betrat damals noch unter improvisierten Bedingungen neues
Terrain in Straßburg. Ein Jahr später schon bezog die ENA mit dem res-
taurierten historischen Gebäude des Johanniterordens aus dem 16. Jahrhundert am Rande der Straßburger Altstadt einen repräsentablen Ort.
Mit einem modernen Erweiterungsbau, der im Herbst 2011 zum 20. Jubi-
läum des Umzugs nach Straßburg eingeweiht wurde, war die ENA am
Rande Frankreichs angekommen. Heute debattieren die Studierenden in
den Fluren und Seminarräumen der École Nationale d'Administration,
als sei die Schule immer schon hier gewesen.

DIREKT VON DER UNI IN HÖCHSTE VERWALTUNGSPOSTEN

Worauf gründet sich ihr Mythos? 1945 initiierte Charles de Gaulles, damals Frankreichs Staatspräsident, die bis heute wichtigste Ausbildungs-
stätte des Landes für Spitzenbeamte. Mit ihrer Hilfe sollten die besten, die
klügsten Köpfe für Schlüsselpositionen in den Ministerien und Verwaltungen rekrutiert und ausgebildet werden. Das Ende des Zweiten Weltkriegs und die Ausrufung der Vierten Republik bedeuteten in Frankreich
einen Neubeginn und einen Umbruch, der auch die Strukturen der öffentlichen Verwaltung umfasste.
Bis heute hat sich eine Wahrheit herauskristallisiert: Wer den zweijähri-
gen Studiengang absolviert, gehört tatsächlich schnell zur Führungselite
in Frankreichs Ministerien und Verwaltungen. In den Augen der Franzosen gelten die »Enarques«, wie die Absolventen voll Bewunderung genannt werden, als fachlich brillant und äußerst zielstrebig. Die ENA ist
die Eintrittskarte in die obersten Etagen von Wirtschaft, Hochschulen
und Verwaltung. Wer sich die Namenslisten der Absolventenjahrgänge
vergangener Jahrzehnte durchliest, begreift, was das bedeutet. Sie lesen
sich wie ein Who-is-Who der politischen Elite des Landes. Drei Staatspräsidenten, sieben Premierminister und unzählige Minister haben ihr

Rüstzeug an der ENA erworben. Mit der Zeit ist jedoch nicht nur die Kritik an der Ausbildung gewachsen, die einen technokratischen Arbeits- und Führungsstil befördert, sondern auch die Unzufriedenheit in der Öffentlichkeit über die Monopolisierung der Macht durch die Enarques.

EHEMALIGE KLASSENKAMERADEN IN DER REGIERUNG

Die amtierende Regierung unter Staatspräsident François Hollande bestätigt für viele die Vorurteile. Ja, sie scheint diesen Effekt sogar auf die Spitze zu treiben. In Kabinett und Beraterstäben des 2012 gewählten Staatspräsidenten Hollande haben zahlreiche ENA-Absolventen lukrative Posten besetzt. Hollandes Jahrgang (1978–1980), die »Promotion Voltaire«, brachte Bankenchefs, Botschafter, Mitglieder des französischen Verfassungsrats und börsennotierter Unternehmen hervor. Die französische Presse unkte, der Staatspräsident umgebe sich mit einer Schattenarmee ehemaliger Klassenkameraden. Dazu zählten unter anderem der Arbeitsminister, seine Kabinettsdirektorin, Hollandes Wahlkampfschatzmeister und eine der führenden und bekanntesten Sozialistinnen Ségolène Royal, vier Jahre zuvor selbst Kandidatin für die Präsidentschaft und zudem Hollandes langjährige Lebensgefährtin. Nach dem für die Sozialisten im Ergebnis katastrophalen Europawahl im Mai 2014 wurde Royal im Zuge einer Kabinettsumbildung zur Umweltministerin ernannt.

Aus Sicht vieler Franzosen herrscht damit in Paris eine homogene Clique, die sich mehr oder weniger offen Posten zuschanzt und gegenseitig an der Macht hält. Die gemeinsame Studienzeit fördert das Zusammengehörigkeitsgefühl. Hollande gab in einer französischen Fernsehdokumentation zu dem Thema an, bei Personalentscheidungen nach dem Regierungswechsel sei er sich durch seine Vorgehensweise sicher gewesen, über welche Qualitäten der eine oder andere verfüge, den er mit einer Stelle bedacht hatte. Die Solidarität zwischen ENA-Absolventen funktioniert auch über Parteigrenzen hinweg. So scheute sich der frühere Staatspräsident Jacques Chirac – selbst ENA-Absolvent –, nicht, im Präsidentschaftswahlkampf 2012 den Sozialisten Hollande dem Bewerber aus seiner eigenen politischen Familie, Nicolas Sarkozy, vorzuziehen.

Die ENA als Institution muss sich auch immer wieder – ähnlich wie andere Eliteschulen des Landes – aus einem anderen Grund rechtfertigen. Ihre Eingangsprüfungen bieten eigentlich ein hohes Maß an Vergleichbarkeit. Zwangsläufig selektieren sie aber unter jenen, die im Laufe ihres schulischen Werdegangs das Rüstzeug erworben haben, um die anspruchsvolle Prüfung bestehen zu können.

Die Kritik richtet sich also gegen die Bevorzugung der ohnehin Privile-
gierten: der Bürgerlichen, der Bildungselite. Wer aus einer sozial benach-
teiligten Familie, womöglich mit Migrationshintergrund und aus einem
von Frankreichs Vorstadtvierteln stammt, hat nur in Ausnahmen diese
Chance. Die ENA bietet nicht nur Chancen für Begabte, sie steht auch für
eine soziale Auslese. Dabei sollte die ENA von ihrer Gründung an gerade
den demokratischen Zugang zu Schlüsselpositionen in Frankreichs Verwaltung gewährleisten.

SOZIALE SIGNALE SENDEN

Ungeachtet dessen strebt die Schule in den letzten Jahren tatsächlich eine
Öffnung an. Der Frauenanteil eines neu beginnenden Jahrgangs erreichte
2013 erstmals 45 %. 30 der 80 Studierenden desselben Jahrgangs stammen
aus dem Ausland – aus 130 verschiedenen Ländern. Beides sendet ein
wichtiges Signal für die Entwicklung einer der angesehensten und ein-
flussreichsten französischen Bildungseinrichtungen, die sich zunehmend
innerhalb Europas und international vernetzt. Damit erfüllt die ENA dann
ihren selbstgesetzten Anspruch: eine moderne geistige Elite auszubilden.

AUSBILDUNG MIT BLICK ÜBER OFFENE GRENZEN

In den Straßburger Behörden und den Verwaltungen der Region Alsace
absolvieren die Studierenden heute ihre obligatorischen Praxismonate.
Durch die Nähe zu Deutschland, ergebe sich zwingend ein Blick über die
Grenze, sagte einer der ENA-Leiter der vergangenen Jahre, Bernard Boucault, danach Polizeipräfekt in Paris. Zielstrebige junge Leute aus aller
Welt zieht die Schule seit Langem an. Dem hat auch ihr Umzug nach
Straßburg keinen Abbruch getan. Boucault lobt die Lebensqualität im Elsass und einen Straßburger Campus-Effekt, der weniger Konkurrenz,
mehr Solidarität als früher erzeuge: »Hier in der Provinz erleben die jungen Leute, wie sich Frankreich verändert und sie haben von Straßburg
aus Europa vor der Haustür: Das öffnet ihnen die Augen für vieles, was
später von Nutzen sein kann.«

Offenheit für Europa und für neue Wege als die künftigen Lenker in Politik, Wirtschaft und Ministerien: So lautet das Ausbildungsziel. Frankreich benötigt heute angesichts der tiefgreifenden politischen und wirtschaftlichen Krise, die das Land durchlebt, mehr denn je eine Elite, die es
gelernt hat, nach kreativen Lösungen zu suchen. Die klugen Köpfe lernen
hier die Praxis der Verwaltungsarbeit – schließlich sollen sie ihr Land auf
die Zukunft vorbereiten.

GESCHICHTE

Dass in Straßburg Werte wie unabhängige Gesinnung und Bürgerrechte hochgehalten wurden, zieht sich wie ein roter Faden durch die Stadtgeschichte. Aus der freien Reichsstadt wurde nach dem Zweiten Weltkrieg der Gründungsort des Europarats.

12 v. Chr. Das römische Feldlager Argentoratum

Der entscheidende Hinweis findet sich beim römischen Historiker Florus Drusus: Der Stiefsohn Kaiser Augustus', habe Straßburg, Argentoratum, neben 50 weiteren befestigten Heerlagern am Ufer des Rheins gegründet. Ammianus Marcellinus erwähnt um 353 eine Siedlung auf der Großen Insel namens »civitas Argentoratum«.

343 Straßburg wird erstmals Bischofssitz

Amandus von Straßburg wird als erster Bischof von Straßburg als Teilnehmer des Konzils von Serdica (Sofia) erwähnt. Die Gebeine des späteren Heiligen werden in der Kirche Saint-Pierre-le-Vieux aufbewahrt. Unter der geistlichen und weltlichen Herrschaft der Bischöfe gewinnt Straßburg bis 1262 zunehmend an Bedeutung. Die Stadt genießt Zollfreiheit und verfügt über ein Münzrecht und eine eigene Gerichtsbarkeit.

575 Aus Argentoratum wird Strateburgum

Der politische Machtwechsel geht einher mit einem allmählichen Namenswechsel der Stadt. Dem keltisch-römischen »Argentoratum« wird das germanische Straßburg beigestellt. »Urbs, quam Strateburgum vocant – die Stadt, die Straßburg genannt wird«:

Der Merowingerkönig Chlodwig gliedert die Stadt in sein Frankenreich ein.

12 v. Chr.

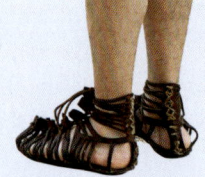

343

496

Die Römer gründen an der Stelle des heutigen Straßburgs ein Feldlager mit Namen Argentoratum.

Straßburg wird Bischofssitz.

So schreibt Bischof Gregor von Tours (538–594). Die Bezeichnung »Silberburg« (argentum: Silber, Geld) hält sich parallel bis ins 17. Jh. Sie wird erst allmählich durch den Namen Strateburg, »befestigte Siedlung an der Kreuzung der Straßen«, abgelöst.

842 Straßburger Eide

Am 14. Februar 842 verbünden sich die Könige Ludwig der Deutsche und Karl der Kahle in einem Vertrag gegen ihren Bruder Lothar. Der Vertrag ist das erste erhaltene Dokument das neben der damaligen Lingua franca Lateinisch in den Umgangssprachen Althochdeutsch und Altfranzösisch verfasst wurde. Zu dieser Zeit erstreckt sich das fränkische Reich über die Territorien des heutigen Frankreichs, Deutschlands, Österreichs und Oberitaliens sowie die Beneluxländer. Nach dem Tod Ludwigs des Frommen, einem Sohn Karls des Großen, fällt mit der Teilung des karolingischen Reiches Straßburg an Burgund. 870 wird Straßburg Teil des Ostfränkischen Reichs, das Ludwig der Deutsche regiert.

1015 Grundsteinlegung für das romanische Münster

Unter Bischof Heddo von Straßburg entsteht eine erste Kirche an der Stelle des heutigen Münsters. Der Grundstein des romanischen Sakralbaus wird 1015 unter Bischof Wernher von Habsburg gelegt, nachdem deren Vorgängerin durch einen Blitzeinschlag zerstört worden war. Die Herrschaftszeit der Staufer ab dem 11. Jh. bedeutet für Straßburg und das Elsass eine wirtschaftliche und kulturelle Blüte. Um 1210 dichtet Gottfried von Straßburg sein berühmtes Versepos Tristan. Elsässischer Wein wird bis nach Dänemark, Schweden und England exportiert. Straßburger Schiffer kontrollieren den Rhein, damals die wichtigste Handelsstraße zwischen Venedig und der Nordsee.

1262 Straßburgs Bürger besiegen den Bischof

Die vom ökonomischen Fortschritt profitierenden Handwerker und Bürger geraten zunehmend in Opposition zur bischöflichen Gewalt. 1205 war die

---

Der Name Strateburgum ist erstmals in einer Schrift Bischof Gregor von Tours nachweisbar.

1015 Unter Bischof Wernher wird der Grundstein für das romanische Münster gelegt.

575

842 Ludwig der Deutsche und Karl der Kahle vereinbaren ein Bündnis, die Straßburger Eide.

1262 Straßburger Bürger siegen in der Schlacht von Hausbergen über den Bischof.

Stadt von König Philipp von Schwaben zur Reichsstadt erhoben worden. Der Wunsch des Rates wird größer, dem wirtschaftlichen Einfluss auch einen politischen folgen zu lassen. Nach jahrzehntelangen Auseinandersetzungen kommt es zur Schlacht von Hausbergen: Die bürgerlichen Truppen besiegen jene des Bistums.

Jahrzehnte nach der Vertreibung des Bischofs aus der Stadt entbrennt ein Machtkampf innerhalb der Bürgerschaft: Auf der einen Seite die reichen Mitglieder des Rates, auf der anderen die Zünfte. Im Schwörbrief von 1334 wird eine Eidesformel festgelegt, die eine Gleichbehandlung von Stadtadel und Zünften verbindlich festlegt.

1434 Straßburg als Zentrum des Humanismus

Mitte des 15. Jh. wirkt Johannes Gutenberg zehn Jahre lang in Straßburg (1434–1444), das weitere bedeutende Buchdrucker wie Johann Mentelin und Mathias Schürer hervorbringt. Sie sorgen für die Verbreitung der humanistischen Schriften.

Sebastian Brant, der Sohn eines Straßburger Gastwirts, geißelt in seinem satirischen Werk »Das Narrenschiff« die Dummheit und die Laster der Welt um 1500. Es wurde das erfolgreichste deutsche Buch vor der Reformation und dank des Buchdrucks in Übersetzungen in ganz Europa verbreitet.

1518 Die Reformation erreicht Straßburg

Martin Luthers Thesen werden am Münster angeschlagen: Die Reformation hat Straßburg erreicht. Einer der wichtigsten Vertreter der reformatorischen Gedanken in Straßburg war Martin Bucer (1491–1551). Bucer war nach der Heidelberger Disputation und dem Zusammentreffen mit Luther zum protestantischen Glauben übergetreten und erhielt nach einem Bann durch Papst Hadrian 1523 Asyl in der toleranten Reichsstadt Straßburg.

Im Zuge der Reformation gründet Johannes Sturm 1538 das erste Gymnasium, den historischen Vorläufer der 1621 ins Leben gerufenen Straßburger Universität. Im Jahr 1605 wird in Straß-

König Karl IV. gründet den Bund der freien Reichsstädte, dem Straßburg angehört.

Die Turmspitze des Straßburger Münsters ist vollendet.

1434

1439

1354

Mit Johannes Gutenberg entwickelt sich das Elsass zu einem der Zentren des Humanismus.

burg auch Johann Carolus die erste Zeitung drucken. In einem Brief an den Rat der Stadt bittet er darum, als Einziger eine Zeitung in Straßburg vertreiben zu dürfen.

1681 Frankreich erobert das Elsass und Straßburg zurück

Nachdem der 30-jährige Krieg und die Pest im Elsass gewütet und die Bevölkerung um die Hälfte dezimiert haben, markiert die Kapitulation von Breisach 1638 das Ende der Habsburgerherrschaft im Elsass. Der Westfälische Friede (1648) spricht die Region größtenteils Frankreich zu. Straßburg wird jedoch erst 1681 französisch: Truppen des Sonnenkönigs Ludwig XIV. belagern die Stadt und erzwingen ihre Kapitulation. Unter dem katholischen König behält die mehrheitlich protestantische Stadtbevölkerung dennoch das Recht, ihren Glauben auszuüben.

1789 Zeit der Revolution: Die Marseillaise kommt aus Straßburg

Bereits 1790 werden im Elsass im Zuge einer administrativen Neuordnung von Frankreich die Départements Oberrhein (Haut-Rhin) und Niederrhein (Bas-Rhin) gegründet. Straßburg leistet seinen besonderen Beitrag zur französischen Geschichte. Der Offizier Rouget de Lisle komponiert das »Kriegslied für die Rheinarmee«. Bekannt machen es Soldaten aus Marseille, als sie es beim Einmarsch in Straßburg singen. Die spätere Nationalhymne, die »Marseillaise« war geboren. Ab 1793 schlägt das Terreur-Regime zu: Die lutherische Universität und die Kirchen werden geschlossen. Zugleich wird Straßburg Zufluchtsort republikanisch gesinnter Deutscher wie Georg Büchner.

1870/71 Straßburg, Hauptstadt des Reichslandes Elsass-Lothringen

Straßburg wird vom deutsch-französischen Krieg heimgesucht. Vor dem Wiederaufbau kommt die Zerstörung. Bei der Belagerung und Bombardierungen der Stadt durch die deutschen Truppen werden unwiederbringliche Kunstschätze – die Stadtbibliothek und mit ihr mehr als 3000 Inkunabeln und

Die Reformation erreicht Straßburg: Luthers Thesen werden am Münster angeschlagen.

Straßburg kapituliert vor den Truppen Ludwigs XIV. und wird französisch.

1681

1518

1621

Gründung der lutherischen Universität Straßburg; der 30-jährige Krieg wütet im Elsass.

1792

Erstmaliger Vortrag des Gesangs der Rheinarmee, der späteren Nationalhymne.

das Museum der Schönen Künste mit seiner Sammlung – zerstört. Nach der Kapitulation Frankreichs im Deutsch-Französischen Krieg wird das Elsass deutsch, Straßburg die Hauptstadt des Reichslandes Elsass-Lothringen. Die Bevölkerung bleibt ungefragt und tausende Elsässer verlassen das Gebiet Richtung Frankreich. Dennoch verdoppelt sich die Einwohnerzahl Straßburgs zwischen 1871 und 1810 auf 178 000. Der Bevölkerungszuwachs erklärt sich unter anderem durch Zuzug aus dem deutschen Reichsgebiet.

1914–18 Erster Weltkrieg

Elsässer kämpfen im Ersten Weltkrieg auf beiden Seiten der Front. Obwohl der Kaiser dem Reichsland zu diesem Zeitpunkt bereits einen Landtag und eine Verfassung zugebilligt hat, wird mit der Kriegserklärung durch die Deutschen 1914 im Elsass der Kriegszustand erklärt, die Landesregierung entmachtet und die Pressefreiheit aufgehoben. Nach dem Waffenstillstand 1918 rücken französische Truppen in Straßburg ein.

1940 Die Nationalsozialisten annektieren das Elsass

Am 18. Juni erreichen deutsche Truppen das Elsass. Zusammen mit dem Moselgebiet wird es nun an das Deutsche Reich angegliedert. 1942 werden 130 000 Männer aus den annektierten Gebieten für die Reichsarmee zwangsrekrutiert (»malgré-nous«: gegen unseren Willen). Zuvor war im September 1939 die Straßburger Bevölkerung in den französischen Südwesten evakuiert worden, die Menschen waren später aber wieder zurückgekehrt.

Am 23. November 1944 befreien französische Truppen unter General Leclerc Straßburg. Die französische Flagge wird auf dem Münster gehisst, das im August durch Bomben beschädigt worden war.

1949 Gründung des Europarates

Mit der Gründung des Europarates mit damals zehn Mitgliedsstaaten wird die erste der europäischen Institutionen geschaffen, die bis heute Straßburgs Gesicht und seine internationale Bedeutung prägen.

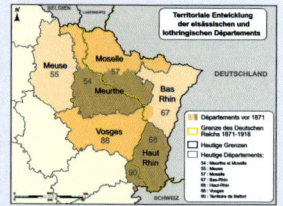

1870/71
Deutsch-französischer Krieg und Belagerung Straßburgs.

1918
Erster Weltkrieg: Am 22. November befreien Truppen unter General Gouraud die Stadt.

18. Juni 1940
Deutsche Truppen marschieren in Straßburg ein; das Elsass wird zusammen mit dem Moselgebiet an das Deutsche Reich angegliedert.

1992 Straßburg – Europastadt und Sitz des Europäischen Parlaments

Auf dem Gipfeltreffen der zwölf EU-Länder in Edinburgh wird Straßburg offiziell als Tagungsort des Europaparlaments bestätigt. Sieben Jahre später erhält das Parlament in Straßburg ein eigenes Gebäude. 1995 wird das neue Gebäude des Europäischen Gerichtshofs für Menschenrechte eingeweiht.

2005–10 Die Grenze verschwindet aus den Köpfen

Straßburg blickt als Europastadt über die Grenze. Im vergangenen Jahrzehnt hat sich vor dem Hintergrund der europäischen Einigung auch die Zusammenarbeit auf lokaler und regionaler Ebene verstärkt. Der Wegfall der innereuropäischen Grenzen stärkte die Möglichkeiten des Miteinanders. Straßburg gründet mit den großen Kommunen der Ortenau auf deutscher Seite den Eurodistrikt Straßburg-Ortenau, eine Institution für die grenzüberschreitende Kooperation. Im April 2009 kommt es beim Nato-Gipfel in Straßburg zu Ausschreitungen. Während einer Demonstration von Nato-Gegnern gehen ein Hotel im Hafenviertel und der ehemalige Zollposten an der Europabrücke in Flammen auf. Aus dem Jahr 2009 gehen die drei bis dahin getrennten Straßburger Universitäten als geeinte Hochschule mit neuer Organisation hervor. Straßburg nimmt in Frankreich damit eine Vorreiterposition ein. 2012 wird die von Paolo Portoghesi entworfene Moschee eingeweiht. Sie ist das größte muslimische Gotteshaus Ostfrankreichs.

2016 Eine Straßenbahn über den Rhein

Die Straßburger Tram fährt in Zukunft über den Rhein nach Kehl und verbessert damit entscheidend das Zusammenwachsen der deutschen und französischen Nachbarregion. Dafür wird eine vierte Brücke zwischen den beiden Städten errichtet. Erstmals waren die Städte ab 1896 mit einer Dampfstraßenbahn verbunden worden. Auch damals war zu diesem Zweck eine neue Brücke gebaut worden. 1898 wurde die Verbindung dann elektrifiziert.

Befreiung Straßburgs durch General Leclerc am 23. November. Die französische Flagge wird auf dem Münster gehisst.

Gipfel von Edinburgh: Straßburg wird als Sitz des Europäischen Parlaments festgelegt.

1944

1992

1949
Straßburg wird Sitz des Europarates.

1999
Das Europäische Parlament hat in Straßburg ein eigenes Gebäude erhalten.

KULINARISCHES LEXIKON

A

agneau – Lamm
aïl – Knoblauch
alsacienne (à l') – nach Elsässer Art
asperges – Spargel

B

baeckeoffe – im Tontopf gegartes
  Gericht aus drei Sorten Fleisch,
  Kartoffeln und Riesling
béarnaise – Buttersauce mit Eigelb,
  Estragon, Essig und Weißwein
bibeleskäs – handgeschöpfter Quark
bière pression – Bier vom Fass
blanquette – Ragout

C

café au lait – Kaffee mit Milch
– crème – Kaffee mit Sahne
– express – Espresso
– glacé – Eiskaffee
canard – Ente
carpe – Karpfen
charcuterie – Fleischwaren
chausson – Blätterteigtasche
confit – Eingelegtes (Ente oder Gans)
confiture – Marmelade
coq au vin – Huhn in Wein

D

dinde – Pute

E

eau – Wasser
– gazeuse – Wasser mit Kohlensäure
– minérale – Mineralwasser
– de vie – klarer Schnaps
épinards – Spinat
escalope – Schnitzel

F

farci – gefüllt
fermier – vom Bauernhof
feuilleté – in Blätterteig
ficelle – Wurst aus Schweinefleisch
filet de porc fumé – Kasseler
flammekueche – dünner Brotteig mit
  saurem Rahm, Speck und Zwiebeln
foie gras – Gänseleber
fromage (blanc) – Käse (Quark)
fruits – Obst
– de mer – Meeresfrüchte
fumé – geräuchert

G

gâteau – Kuchen
gibier – Wild
grillé – gebraten, gegrillt

H

herbes – Kräuter
homard – Hummer
hors-d'œuvre – Vorspeise
huîtres – Austern

I

infusion de camomille – Kamillentee
– de menthe – Pfefferminztee

J

jambon de Paris – gekochter Schinken
jus de pomme – Apfelsaft
– d'orange – Orangensaft
– de raisin – Traubensaft

K

kir royal – Champagner mit Cassis
knack – Straßburger Knackwurst
knepfle – handgeschabte Teigwaren

kougelhopf – Hefenapfkuchen mit Rosinen und Mandeln

L

lait – Milch
lard – Speck
légumes – Gemüse
lewerknepfle – Leberklößchen, handgeschabt

M

marrons glacés – glasierte Maronen
matelote – Fischgericht
meunière (à la) – Müllerin-Art
miel – Honig
milchstriwlas – Milchspätzle
munster – Münsterkäse

N

navarin – Lammragout
nouilles – Nudeln

O

œuf – Ei
– à la coque – weiches Ei
– brouillés – Rührei
– dur – hartes Ei
– sur le plat – Spiegeleier
ofekiechlas – Elsässer Plätzchen
oiseau sans tête – Roulade

P

panaché – Bier mit Limonade
pâtes – Teigwaren
pâtisserie – Kuchenbäckerei, Gebäck
poires – Birnen
poisson – Fisch
poivre (vert) – (grüner) Pfeffer
pommes – Äpfel
– de terre – Kartoffeln
porc – Schweinefleisch
potage – Suppe
pot au feu – gekochtes Rindfleisch

poulet – Hühnchen
presskopf – Schweinskopfsülze
profiteroles – Windbeutel mit Schokoladensauce
prunelle – Schlehe, eine Elsässer Schnapsspezialität

R

râble de lièvre – Hasenrücken
rillettes – Pastete aus gehacktem, gebratenem Schweinefleisch

S

sanglier – Wildschwein
saucisse – Würstchen
saucisse de Strasbourg – »Knack«, auch »Strosburjer Knackwurscht«
sauté – geschmort

T

thé au citron – Tee mit Zitrone
– au lait – Tee mit Milch
– nature – schwarzer Tee
tisane – Kräutertee

V

veau – Kalb
velouté – Cremesuppe
verre – Glas
vin blanc – Weißwein
– en fût – Fasswein
– maison – Hauswein
– nouveau – junger Wein
– rosé – Roséwein
– rouge – Rotwein
– sec – trockener Wein
vinaigre – Essig

W

wädele – Schweinshaxe, mit Kartoffelsalat und Meerrettich serviert
wasserstriwela – Eierteig, pochiert und in Butter gebraten

SERVICE

Anreise und Ankunft

MIT DEM AUTO

Mit dem Auto erreichen Sie Straßburg am besten über die Autobahn Karlsruhe–Basel (A 5), Ausfahrt Appenweier. Nach der Überquerung der Europabrücke Kehl ist der Weg ins Stadtzentrum ausgeschildert. Aus nördlicher Richtung kommend, empfiehlt sich bei Überlastung der A 5 der Rheinübergang Iffezheim/Gambsheim: Ab der Ausfahrt Baden-Baden der vierspurigen Landstraße (RD 300) folgen. Sie erreichen das Stadtzentrum über die Autobahn A 4. Bei Staus auf der A 5 bietet sich auch die Strecke über Landau/Pfalz (A 65) an. Wählen Sie die Ausfahrt Straßburg; die deutsch/französische Grenze überqueren Sie bei Lauterburg.

MIT BAHN UND TRAM

Straßburg erreichen Sie schnell und bequem mit dem Hochgeschwindigkeitszug TGV. Am Straßburger Bahnhof finden Sie sowohl einen Taxistand als auch eine Bushaltestelle mit einer Verbindung ins Zentrum. Zu Fuß brauchen Sie etwa 15 Min. zum Münster. Die Haltestelle der Straßenbahn (www.cts-strasbourg.fr) befindet sich unter dem Bahnhofsvorplatz. Ins Zentrum führen die Linien A und D. Die Buslinie 10 verkehrt in einem Rundkurs um die Innenstadt.

MIT DEM FLUGZEUG

Vom Straßburger Flughafen Entzheim gelangen Sie in 10 Min. per Bahn (über eine überdachte Fußgängerbrücke gelangt man zum Bahnsteig), abends per Shuttlebus ins Zentrum. Der Zug verkehrt Mo–Fr bis zu viermal pro Stunde, Sa zwei-, So ein- bis zweimal pro Stunde. Die Taxifahrt dauert etwa 20 Min., rechnen Sie tagsüber ab 27 €, nachts und So ab 37 €. Die Parkplätze am Flughafen kosten ab 15,50 € pro Tag (P1, P2, P4). Jeder weitere Tag ab 10 €. Wochenendpauschale ab 25 €. Für längere Aufenthalte werden Pauschalpeise ab 35 € für sieben Tage erhoben.
Aéroport International Strasbourg | Tel. 03 88 64 67 67 | www.strasbourg.aeroport.fr

Auskunft

Auf der offiziellen Informationsseite für Tourismus in Frankreich erhalten Sie unter www.rendezvousenfrance.com umfangreiche Informationen zu Ihrem Urlaubsziel. Weitere Informationen vor Beginn Ihrer Reise und Sprachkurse bieten die in Deutschland ansässigen Instituts Français und deutsch-französischen Kulturzentren (www.institutfrancais.de)

Office du Tourisme in Straßburg
Place de la Cathédrale 🚩 D 4
Münster | 17, pl. de la Cathédrale | Tel. 03 88 52 28 28 | www.ot-strasbourg.fr | tgl. 9–19 Uhr

Bahnhof Pavillon d'Accueil 🚩 A/B 3
Bahnhof | Pl. de la Gare (in der unterirdischen Bahnhofspassage) | Mo–Sa 9–19, So 9–12.30 und 13.45–19 Uhr

Parc de l'Etoile Pavillon d'Accueil

🚩 D 6

Bewachter Parkplatz für Busse mit Empfangspavillon und Toiletten
Neudorf | Pl. de l'Etoile | tgl 9.00–12.30 und 13.45–19 Uhr, 1. Juli–31. Aug. Di–Sa 9–12 und 13.30–17 Uhr

Buchtipps

Emma Guntz und André Weckmann (Hrg.): Elsaß – ein literarischer Reisebegleiter (Insel, 2001) Die Region zwischen Vogesen und Schwarzwald wird dem Leser in literarischen Kurzbetrachtungen elsässischer Autoren vom Mittelalter bis in die Neuzeit näher gebracht.
Albert Schweitzer: Aus meinem Leben und Denken (Fischer, 2011) Lebensstationen einer der bedeutendsten Persönlichkeiten des 20. Jh. Der Elsässer und spätere Friedensnobelpreisträger erzählt die wichtigen Stationen zwischen der Kindheit im Elsass und seinem Lebenswerk als Tropenarzt in Lambarene/Afrika.
Tomi Ungerer: Die Gedanken sind frei – Meine Kindheit im Elsass (Diogenes, 2006) Allen, die mehr über die Mentalität der Elsässer und im Speziellen Tomi Ungerers Verhältnis zu Deutschland wissen möchten, sei Ungerers autobiografisches Buch mit zahlreichen Illustrationen und Fotos empfohlen.
Über das Elsass sind ein Band aus der Reihe MERIAN *momente* (TRAVEL HOUSE MEDIA, 2014) sowie Der Grüne Reiseführer von MICHELIN (TRAVEL HOUSE MEDIA, 2012) erhältlich.

Diplomatische Vertretungen

Generalkonsulat der Bundesrepublik Deutschland 🚩 F 2
Neustadt | 6, quai Mullenheim | Tel. 03 88 24 67 00

Generalkonsulat der Republik Österreich 🚩 E 2
Neustadt | 29, ave. de la Paix | Tel. 03 88 36 64 04

Generalkonsulat der Schweiz 🚩 F 3
Europäisches Viertel | 23, rue Herder | Tel. 03 88 35 00 72

Feiertage

1. Januar Neujahr
Lundi de Pâques (Ostermontag)
1. Mai Tag der Arbeit
8. Mai Armistice de 1945 (Ende des Zweiten Weltkriegs)
Karfreitag
Ascension (Christi Himmelfahrt)
Lundi de Pentecôte (Pfingstmontag)
14. Juli Nationalfeiertag
15. August Assomption (Mariä Himmelfahrt)
1. November Toussaint (Allerheiligen)
11. November Armistice de 1918 (Ende des Ersten Weltkriegs)
25. Dezember Weihnachten
26. Dezember St. Étienne

Geld

Kreditkarten sind in Frankreich sehr gebräuchlich, Banken haben meist Mo–Fr von 9–12 und 14–17 Uhr geöffnet.

Links und Apps

LINKS

www.ot-strasbourg.fr
Offizielle Seite der Straßburger Tourismusinformation (deutsch).

www.strasbourg.eu
Internetseite der Stadt und der Stadtgemeinschaft Straßburg.

www.carto.strasbourg.eu
Auf der interaktiven Karte des Groß-
raums Straßburg können Sie mit einer
Suchfunktion verschiedenste Funktio-
nen nutzen, von der Suche nach Park-
plätzen, Hotels und Restaurants bis hin
zu Routenplaner und Carsharing.

www.cts-strasbourg.eu
Alles Wichtige zum städtischen Nahverkehr

www.tourisme-alsace.com
Deutschsprachige Auskünfte zur Region Elsass.

www.olcalsace.org
Über regionale Sprache und Kultur in-
formiert das »Amt für Sprache und
Kultur im Elsass (OLCA)«. Elsässisch-
deutsch-französische Wörterbuch-
Broschüren gibt es zum kostenlosen
Download.

www.europarl.de
Aktuelle Informationen zum Europäi-
schen Parlament, das seinen Sitz in
Straßburg hat.

www.coe.int
Aktuelles und Hintergründe zur Organisation des Europarats.

APPS

Unter play.google.com können Sie
kostenlos hilfreiche Apps für Ihren
Straßburgaufenthalt herunterladen.
Außerdem finden Sie hier touristische
Informationen: www.tourisme67.mobi
Tickets für die Straßburger Bahnen
und Busse: www.cts-strasbourg.fr/fr/
Boutique-en-ligne/application-ugo
Verschiedene Services zu Nahverkehr
und Fortbewegung; unter anderem mit
Streckenberechnung: www.strasmap.eu
Die App »CTS Timetables« von Nico-
las Girardin liefert Ihnen Infos zum
Öffentlichen Nahverkehr in Straßburg.
Einen Tourguide für das Straßburger
Münster gibt es in deutscher und fran-
zösischer Sprache für Android und
iPhone unter der URL http://cathedrale.
arte.tv/l-application-mobile.php
Einen kommentierten Rundgang durch
die Aubette gibt es über die Straßburger Museen auf www.musees.
strasbourg.eu

Medizinische Versorgung
KRANKENVERSICHERUNG

Gegen Vorlage der Europäischen Kran-
kenversicherungskarte (EHIC) werden
Sie bei Ärzten und in Kliniken behan-

Klima (Mittelwerte)

	Januar	Februar	März	April	Mai	Juni	Juli	August	September	Oktober	November	Dezember
Tages-temperatur	3	5	11	16	20	23	25	25	21	14	8	4
Nacht-temperatur	-2	-2	1	5	8	12	13	13	11	6	2	-1
Sonnen-stunden	2	2	5	6	7	7	7	7	6	4	2	1
Regentage pro Monat	15	13	12	13	13	14	14	13	12	12	13	14

delt. Vor Abreise sollten Sie prüfen, ob Ihre Kasse auch Krankenrücktransportkosten übernimmt.

KRANKENHAUS

Hôpitaux Universitaires de Strasbourg ⚑ C5
Finkwiller | 1, pl. de l'Hôpital | Tel. 03 88 11 67 68 | www.chru-strasbourg.fr Giftrufnummer der Uniklinik (Centre Anti-Poisons) Tel. 03 88 37 37 37

APOTHEKEN
Apotheken sind in der Regel Mo–Sa von 9–13 und 14–18.30 Uhr geöffnet.

Nebenkosten

1 Tasse Kaffee	1,50–2,50 €
1 Bier	1,50–3,00 €
1 Cola	2,00–2,50 €
1 Brot (ca. 500 g)	2,00 €
1 Baguette	0,80–1,00 €
1 Schachtel Zigaretten	6,50–7,00 €
1 Liter Benzin Super E10	1,40–1,60 €

Notruf
Euronotruf Tel. 112 (Polizei, Feuerwehr, Rettungsdienst)

Post
Für Ansichtskarten und Briefe bis 20 g nach Deutschland, Österreich und in die Schweiz zahlen Sie 0,83 €. Briefmarken sind in Postämtern und Tabakläden erhältlich. Briefkästen sind gelb.

Reisedokumente
Deutsche, Österreicher und Schweizer können mit einem gültigen Reisepass oder Personalausweis einreisen. Kinder unter 16 Jahren müssen im Pass eines Elternteils eingetragen sein oder benötigen einen Kinderausweis.

Reiseknigge
Der Service in Gaststätten ist in der Rechnung inbegriffen. Dennoch ist es üblich, je nach Zufriedenheit bis zu 10 % der Summe als Trinkgeld zu geben. Taxifahrer freuen sich ebenfalls über einen Aufschlag. An der Theatergarderobe sind kleine Summen (50 Ct) angemessen, bei einem besonders höflichen Hotelpagen darf es je nach Ihrem Ermessen auch mehr sein. Für das Trinkgeld lässt man nach dem Bezahlen der Rechnung einen bestimmten Betrag auf dem Rechnungsteller liegen. In Frankreich stellt der Kellner übrigens bei einer Gruppe eine gemeinsame Rechnung aus.
Warten Sie beim Betreten des Lokals, bis Ihnen ein Platz zugewiesen wird.
In Straßburg wird Deutsch oft zur Verständigung genügen, Französischkenntnisse sind dennoch nützlich.

Reisezeit
Besonders angenehm sind Frühjahr und Herbst. Im Hochsommer kann es heiß und schwül werden. Dafür ist in der Ferienzeit mit weniger Verkehr rund um Straßburg zu rechnen.

Sicherheit
Straßburg ist eine Großstadt. Es gilt – insbesondere im Gedränge – auf Handtaschen, Rucksäcke, Kameras u. Ä. zu achten. Die Straßburger Innenstadt und die Straßenbahnen sind mit Überwachungskameras bestückt.

Stadtrundfahrten
BOOTSFAHRT AUF DER ILL RUND UM DIE ALTSTADT
Münster | Bus: Corbeau | Info-Tel. 03 88 84 13 13 | www.batorama.fr |

Kartenverkauf und Abfahrt: Anlegestelle neben dem Rohan-Schloss | Dauer: 1 Std. 10 Min. | ganzjährig Rundfahrten, April–Okt. tgl. halbstündlich 9.30–21, Jan.–März, Nov. 10.30, 13, 14.30 und 16, Dez. tgl. halbstündlich 9.30–17 Uhr | Preis: 9,60 €, Kinder 5,20 €; Nächtliche Fahrt auf der Ill (flâneries nocturnes) | Mai–Sept. tgl. 21.30 und 22 Uhr

Eine Minibahn fährt durch die Altstadt, den Teilnehmern werden die Sehenswürdigkeiten per Tonband erläutert. Dauer: 40 Min.
Abfahrt: Pl. de la Cathédrale | 29. März bis 11. Nov. (außer 1. Mai) halbstündlich 9.30–17.30, Mai–Sept. bis 19, Mitte Okt.–Anfang Nov. stündlich 10–17 Uhr | Ticket 5,50 €, erm. 2,80 €

Stadtrundgänge
Eine Stadtführung können Sie mit einem »Audioguide« unternehmen, den Sie in der Touristinformation ausleihen (5,50 € plus 100 € Kaution).
Standardführung in deutscher Sprache, Themenrundgänge nur französisch.

Strasbourg-Pass
Für 16,90 €, erm. 8,45 €, haben Sie drei Tage lang freien Eintritt zur Plattform und zur Astronomischen Uhr des Münsters. Zudem können Sie eine Bootrundfahrt machen und ein Museum Ihrer Wahl besuchen. Erhältlich beim Office du Tourisme.

Telefon
VORWAHLEN
D, A, CH ▶ Frankreich 00 33
Frankreich ▶ D 00 49
Frankreich ▶ A 00 43
Frankreich ▶ CH 00 41

Alle französischen Telefonnummern sind zehnstellig. Es müssen stets alle zehn Zahlen eingegeben werden. Ausnahmen bilden Notruf- und Servicenummern. Die ersten beiden Ziffern für Straßburg sind 03. Bei einem Anruf aus dem Ausland nach Frankreich entfällt die 0 vor der 3, man wählt also nur 00 33 3 …
Wenn Sie Ihr Mobiltelefon dabei haben, vergessen Sie nicht, dass Roaming-Gebühren fällig werden. Informieren Sie sich, ob Ihr Anbieter einen französischen Vertragspartner hat, im Partnernetz können Sie Kosten sparen.

Verkehr
AUTO
Parkhäuser kosten für eine Stunde bis zu 1,50 € (vgl. auch www.parcus.com). Achten Sie beim Parken an der Straße auf die Farbe der Parkuhren. Die Preise sind je nach Lage gestaffelt von grün nach rot. Bezahlen können Sie hier auch mit Kreditkarte.

MIETWAGEN
Ein Mietwagen der Mittelklasse kostet in Straßburg pro Tag inklusive Versicherung ab 95 €. Beim Flughafen bieten Avis, Budget, National/Citer, Europcar, Hertz und Sixt Mietwagen an. Avis und Europcar haben auch Filialen am Hauptbahnhof.

ÖFFENTLICHE VERKEHRSMITTEL
Straßburg verfügt über ein gut ausgebautes Straßenbahn- und Busnetz. Es gibt fünf Straßenbahnlinien. Die Buslinie 10 führt kreisförmig um die Innenstadt herum.
Alle Stationen haben automatische Fahrscheinautomaten, die Münzen

und Bankkarten akzeptieren. Ein Einzelfahrschein, der sowohl für die Straßenbahn als auch für die Busse gilt, kostet derzeit 1,60 €, das 24-Stunden-Ticket kostet 4 €, ein Ticket für drei Personen 5,70 €.

Informationen: www.cts-strasbourg.fr

TAXIS

Fahrtkosten für eine kurze Strecke rund 6 €, vom Flughafen je nach Fahrtzeit etwa 32 €.

Taxizentrale

Taxi 13 | 30, av. de la Paix | Tel. 03 88 36 13 13 | www.taxi13.fr

Zeitungen

Die größte elsässische Tageszeitung ist die in Straßburg erscheinende »Dernières Nouvelles d'Alsace« (www.dna.fr). Unter der Rubrik »Aujourd'hui« sind im Lokalteil Notrufnummern, diensthabende Ärzte und Apotheken und besondere Veranstaltungen des Tages aufgeführt. Die zweitgrößte elsässische Tageszeitung ist »L'Alsace« (www.lalsace.fr).

Zoll

Reisende aus Deutschland und Österreich dürfen Waren abgabenfrei mit nach Hause nehmen, wenn diese für den privaten Gebrauch bestimmt sind. Die Richtmengen sollten jedoch nicht überschritten werden (z. B. 800 Zigaretten, 90 l Wein, 10 kg Kaffee). Weitere Auskünfte unter www.zoll.de und www.bmf.gv.at/zoll.

Reisende aus der Schweiz dürfen Waren im Wert von 300 SFr abgabenfrei mit nach Hause nehmen, wenn diese für den privaten Gebrauch bestimmt sind. Tabakwaren und Alkohol fallen nicht unter diese Wertgrenze und bleiben in bestimmten Mengen abgabenfrei (z. B. 200 Zigaretten, 2 l Wein). Weitere Auskünfte unter www.zoll.ch.

Entfernungen (in Minuten) zwischen wichtigen Sehenswürdigkeiten

	Cathédrale	Conseil de l'Europe	Cour des Droits de l'Homme	Petite France	Maison Kammerzell	Maison des Tanneurs	Palais de la Musique	Palais des Rohan	Parc de l'Orangerie	Ponts Couverts	Saint-Thomas
Cathédrale	–	30	40	15	2	15	25	5	30	20	15
Conseil de l'Europe	30	–	5	35	30	40	20	30	5	40	35
Cour des Droits de l'Homme	40	5	–	45	40	45	30	35	10	45	40
Petite France	15	35	45	–	15	0	30	20	35	5	5
Maison Kammerzell	2	30	40	15	–	15	25	5	30	20	10
Maison des Tanneurs	15	40	45	0	15	–	35	15	30	15	15
Palais de la Musique	25	20	30	30	25	35	–	30	15	45	40
Palais des Rohan	5	30	35	20	5	15	30	–	25	30	15
Parc de l'Orangerie	30	5	10	35	30	30	15	25	–	45	35
Ponts Couverts	20	40	45	5	20	15	45	30	45	–	15
Saint-Thomas	15	35	40	5	10	15	40	15	35	15	–

ORTS- UND SACHREGISTER

Wird ein Begriff mehrfach aufgeführt,
verweist die **fett** gedruckte Zahl auf die Hauptnennung.
Abkürzungen: Hotel [H] · Restaurant [R]

Liebe Leserinnen und Leser,

vielen Dank, dass Sie sich für einen Titel aus unserer Reihe MERIAN *momente* entschieden haben. Wir wünschen Ihnen eine gute Reise. Wenn Sie uns nun von Ihren Lieblingstipps, besonderen Momenten und Entdeckungen berichten möchten, freuen wir uns. Oder haben Sie Wünsche, Anregungen und Korrekturen? Zögern Sie nicht, uns zu schreiben!

Alle Angaben in diesem Reiseführer sind gewissenhaft geprüft. Preise, Öffnungszeiten usw. können sich aber schnell ändern. Für eventuelle Fehler übernimmt der Verlag keine Haftung.

© 2015 TRAVEL HOUSE MEDIA GmbH, München
MERIAN ist eine eingetragene Marke der GANSKE VERLAGSGRUPPE.

TRAVEL HOUSE MEDIA
Postfach 86 03 66
81630 München
merian-momente@travel-house-media.de
www.merian.de

Alle Rechte vorbehalten. Nachdruck, auch auszugsweise, sowie die Verbreitung durch Film, Funk, Fernsehen und Internet, durch fotomechanische Wiedergabe, Tonträger und Datenverarbeitungssysteme jeglicher Art nur mit schriftlicher Genehmigung des Verlages.

BEI INTERESSE AN MASSGESCHNEIDERTEN MERIAN-PRODUKTEN:
Tel. 0 89/4 50 00 99 12
veronica.reisenegger@travel-house-media.de

BEI INTERESSE AN ANZEIGEN:
KV Kommunalverlag GmbH & Co KG
Tel. 0 89/9 28 09 60
info@kommunal-verlag.de

1. Auflage

VERLAGSLEITUNG
Dr. Malva Kemnitz
REDAKTION
Susanne Kronester
LEKTORAT
bookwise, München
BILDREDAKTION
Dr. Nafsika Mylona
SCHLUSSREDAKTION
Christiane Gsänger
HERSTELLUNG
Bettina Häfele, Katrin Uplegger
SATZ/TECHNISCHE PRODUKTION
bookwise, München
REIHENGESTALTUNG
Independent Medien Design, Horst Moser, München (Innenteil), La Voilà, Marion Blomeyer & Alexandra Rusitschka, München und Leipzig (Coverkonzept)
KARTEN
Gecko-Publishing GmbH für MERIAN-Kartographie
DRUCK UND BINDUNG
Firmengruppe APPL, aprinta Druck, Wemding

Ein Unternehmen der
GANSKE VERLAGSGRUPPE

PEFC
PEFC/04-32-0928

BILDNACHWEIS
Titelbild (Maison des Tanneurs in La Petite France), ALIMDI.NET: S. Lubenow
Agence Jouin Manku: H. Hilaire 16 | akg-images 90 | Andia fr: J.-F. Badias 113, /VISUM 49, 13l | arkivi 160 o. | blickwinkel 60 | Buerehiesel 102, Caro: Ruffer 15, 99, F. Sorge 94, 160 u., dpa picture alliance 87 | foto76/ shutterstock.com 30 | fotolia: delkoo 142 li., Furfur (CC BY-SA 3.0) 146 | gemeinfrei 143, 145 | Getty Images 4/5, 125 | Glow Images 142 re., 147 li. | F. Godard 65 | Hotel Cour du Corbeau 22 | imageBROKER/vario images 74 imago 111, O. Doering 14 | Jahreszeiten Verlag/GourmetPictureGuide 29 | laif: M. Dreysse 128/129, A. Fechner 13 r., H. Hoogte 20/21, M. Kirchgessner 34, 47, F. Maigrot/REA 46, 48, 52 u., 89, 107, 138, R. Mattes/hemis 108, A. Morascher 38, B. Rieger/hemis.fr 12, 104, F. Tophoven 136 | Le Chut 25 | L'œnosphère 33 | look-foto 68, 134/135, D. Schoenen 42 | M. Hoffmann 37 | mauritius images 45, 67, 131, /Alamy 17, 26, 54, 84, 116, 127 | Musée Historique 19 | Photononstop: G. Labriet 120 | picture alliance/Arco Images 73, /dpa 115 | privat 52 o., 53 | RHPL/ vario images 2 | seatops.com: H. Corneli 62 | SGM/agefotostock/Avenue Images 100 | shutterstock: AnLe 144, B. Horvath 147 re. | Vario 50/51 | Your_Photo_Today 6, 80

STRASSBURG GESTERN & HEUTE

Im August 1883, als das Elsass zum deutschen Kaiserreich gehörte, fuhr der erste Zug in den neu gebauten Straßburger **Hauptbahnhof** (▶ S. 69) ein. Seit 2006 verbindet die französische Hochgeschwindigkeitsbahn TGV Paris mit Straßburg. Der Bahnhof erhielt dafür sein Gesicht des 21. Jh.: eine schimmernde Glashülle, die sich wie ein Schlauch vor die denkmalgeschützte, historische Fassade gelegt hat und den umliegenden Platz als Spiegelbild zurückgibt.